Andrea Erkert

Musik im Morgenkreis

Die schönsten Ideen für Krippe und Kita

Andrea Erkert

Musik im Morgenkreis

Die schönsten Ideen für Krippe und Kita

Unser Buchprogramm im Internet: www.verlag-modernes-lernen.de

Externe Links
Der Verlag weist ausdrücklich darauf hin, dass eventuell im Text enthaltene externe Links vom Verlag nur bis zum Zeitpunkt der Buchveröffentlichung eingesehen werden konnten. Auf spätere Veränderungen hat der Verlag keinerlei Einfluss. Eine Haftung des Verlages ist daher ausgeschlossen.

Folgen Sie uns auf  

Gesamtherstellung in Deutschland: Löer Druck GmbH, Dortmund

Schrift: Alegreya Sans

Coverillustration: © kankhem – stock.adobe.com

Bestell-Nr. 1327 ISBN 978-3-8080-0897-3

Inhalt

Vorwort

Musik soll alle Kinder verbinden und erfreuen. Der Morgenkreis, der allein schon durch seine Form das Zugehörigkeits- und Gemeinschaftsgefühl stärkt, ist hierfür geradezu ideal. Im vertrauten Kreis können bereits jüngere Kinder sich viel leichter gegenseitig beobachten, miteinander in Interaktion treten und ihr Selbstvertrauen stärken.

Musik im Morgenkreis kann Kinder mehr als verzaubern und sich positiv auf ihre Stimmung auswirken. Für jüngere Kinder sind jedoch eingängige Melodien und Texte mit möglichst viele Wiederholungen, wie etwa ein Refrain, besonders gut geeignet. Dabei schafft allein schon das Vorsingen und Vorspielen von Kinderliedern Vertrauen. Es ist natürlich auch ein gutes Gedächtnistraining. Zudem wird so die Sprachentwicklung gefördert, die Motorik und nicht zuletzt das Rhythmusgefühl geschult.

Sehr viel Freude haben Kinder auch an einfachen Instrumenten aus aller Welt, vielseitig verwendbaren Alltagsgegenständen oder gar durch den Einsatz ihres eigenen Körper als Instrument. Indem sie zum Beispiel mit ihrer Stimme vollkommen natürlich experimentieren, erhalten sie grundlegende musikalische Eindrücke und vielfältige Möglichkeiten, um sich sinnlich wahrzunehmen und mittels Musik mitzuteilen.

Wenn Sie jedoch Musik zum Beispiel via Ihrem Handy und Bluetooth-Lautsprecher abspielen möchten, kommt es vor allem darauf an, welche Musikart Sie gerade für Ihre Kindergruppe brauchen. Dabei muss es sich nicht zwangsläufig um Kinderlieder handeln. Für ältere Kinder eignen sich auch Pop- und Rockmusik oder gar fröhliche Volksmusik zum Bewegen, Fit- und Wachwerden. Im Gegensatz dazu sind für ruhigere Angebote vor allem Entspannungsmusik, aber auch sanfte klassische Musik und Klaviermusik besonders gut geeignet.

Ob Klatschspiele, Kniereiter, Singspiele oder gar Klanggeschichten: Musik in der Krippe und in der Kita sollte keinesfalls fehlen und kann, falls noch nicht geschehen, zu einem festen Ritual im Morgenkreis werden, auf das die Kinder sich jeden Tag auf's Neue freuen dürfen.

„Alles Erste bleibt ewig im Kinde: Die erste Farbe, die erste Musik, die erste Blume malen den Untergrund des Lebens.“

Jean Paul (1763–1825), deutscher Schriftsteller

Zu dem Aufbau des Buches

In diesem Buch finden Sie vielfaltige Praxisideen für **Kinder im Alter von 1 bis 6 Jahren**, die die Freude an Musik fördern und im Idealfall das Interesse wecken, später einmal selbst ein Instrument zu erlernen. Sämtliche Praxisideen bieten sich besonders gut für den Morgenkreis an.

Jede Praxisidee enthält eine Altersangabe als Orientierungshilfe und die dafür benötigen Materialien, falls erforderlich. Zudem sind alle Praxisideen je nach ihrem Schwerpunkt den folgenden Kapitel zugeordnet:

Im ersten Kapitel finden Sie **Begrüßungsrituale- und Lieder**, die für ein entspanntes Ankommen sorgen und verschiedene Arten der Kontaktaufnahme ermöglichen. Darüber hinaus werden Ihnen Ideen an die Hand gegeben, die Ihnen helfen, eine ansprechende Mitte zu gestalten, sodass Sie alle Kinder besonders schön in den Morgenkreis einladen können.

Das zweite Kapitel bezieht sich schwerpunktmäßig auf das **Gruppen- und Rhythmusgefühl**. Die Kinder sollen voller Freude durch gemeinsames Sprechen, Singen und Bewegen ein Rhythmus- und Gemeinschaftsgefühl entwickeln. Auf diese Weise wird insbesondere die Eigen-, Fremd- und Raumwahrnehmung gefördert.

Im dritten Kapitel dreht sich alles um **die auditiven Wahrnehmung**. Spielerisch können Sie die Kinder zum bewussten Hinhören einladen, indem die Kinder zum Beispiel mithilfe von Rhythmusinstrumenten leise Töne erzeugen oder sich einfach auf Samtpfoten zu einem bestimmten Rhythmus bewegen. Zudem üben die Kinder, die Richtung einer Schallquelle zu erkennen.

Das vierte Kapitel widmet sich ganz dem Thema **Sprache und Motorik**.
Es werden Sprechverse, Klatschspiele & Co. vorgestellt, die wertvoll für die Sprachentwicklung sind und durch die dazu passenden Bewegungen die Koordination und Grobmotorik fördern.

Im fünften Kapitel geht's um das **Reaktionsvermögen und räumliche Denken**. Dementsprechend werden zum Beispiel Stopptänze und Krabbelspiele mit Klängen zum Besten gegeben, bei denen die Kinder mit anderen in Kontakt treten, ihre akustische Aufmerksamkeit, Reaktionsfähigkeit und Schnelligkeit schulen und dabei auch die verschiedenen Raumebenen kennenlernen.

Das sechste Kapitel lädt zum **Körper wahrnehmen und entspannen** ein. Sanfte Klänge und Musik tragen dazu bei, dass die Kinder ein feines Gespür dafür bekommen, was ihrem Körper gut tut. Die Kinder kommen auf spielerische Weise innerlich zur Ruhe und erleben Stille als etwas Positives.

Im siebten Kapitel befinden sich **Abschlussrituale- und Lieder**, die das Ende der Spielzeit im Morgenkreis einläuten. Sie geben den Kindern Sicherheit und Orientierung und sorgen dafür, dass der Morgenkreis nicht abrupt beendet wird und die Kinder sich, falls sie in verschiedenen Gruppenräumen oder gar nach Hause gehen sollten, voneinander verabschieden können.

„Musik spricht dort, wo Worte fehlen."

Hans Christian Andersen (1805–1875), einer der bekanntesten Dichter und Schriftsteller Dänemarks

Alle Kinder sind schon da!

Ankommen und Vertrauen aufbauen: Begrüßungsrituale und -lieder

Im Morgenkreis ist eine schön gestaltete Mitte, die zum Beispiel aus farbenfrohen Tüchern, leuchten LED-Lichtern und interessanten Rhythmusinstrumenten bestehen kann, besonders ansprechend und einladend zugleich.

Damit sich jedoch bereits Kinder ab dem 1. Lebensjahr besonders gut auf die vielen anderen Kinder im Kreis einlassen können, eignen sich hervorragend einfache Lieder und andere Musikangebote zum Begrüßen, die allesamt in der Gruppe viel Spaß machen und schnell mögliche Unsicherheiten und Ängste abbauen können. Auf diese Weise haben auch Kinder, die einander noch fremd sind, ausreichend Zeit, um sich gegenseitig besser kennenzulernen.

Im ersten Kapitel finden Sie nun Praxisideen für den Morgenkreis, bei denen sich die Kinder auf eine musikalische leichte Art und Weise gegenseitig begrüßen, sich bewusst wahrnehmen und zusammen in den neuen Tag starten können. Indem die Kinder singen, tanzen, musizieren und sich bewegen, werden sie fit und munter. Darüber hinaus wird durch die nachfolgenden Praxisideen die Vorfreude auf weitere schöne Lieder und andere Musikangebote nicht nur, aber gerade auch aus diesem Buch geweckt.

*„Takt als Anfang, Reim als Endung
und als Seele stets Musik.“*

Friedrich Nietzsche (1844–1900), deutscher klassischer Philologe und Philosoph

Guten Morgen, ihr Mäuse

Alter: ab 1 Jahr

Material: 1 Handglocke

Zeitaufwand: 2–3 Minuten

Spielverlauf:
Alle Kinder befinden sich außerhalb vom Stuhlkreis.
Indem Sie zwischen zwei Stühlen einen größeren Abstand zum Durchgehen lassen und sich eine Handglocke holen, können Sie die einzelnen Kinder folgendermaßen in den Morgenkreis einladen:

„Guten Morgen sage ich zu jeder Maus!"

Im Anschluss daran lassen Sie die Glocke erklingen. Ist der Klang nicht mehr zu hören, sagen Sie laut:

„Alle sind nun wach und kommen rasch ins Haus!"

Daraufhin laufen oder krabbeln die Kinder dann in Richtung Innenkreis, um sich von dort aus jeweils einen freien Stuhl zu suchen.

Eine Handglocke ist geradezu ideal, um die akustische Aufmerksamkeit der Kinder zu gewinnen und sie damit auch besonders schön in den Morgenkreis einzuladen.

Teddy klangvoll wecken

Alter: ab 1 Jahr

Material: 1 Triangel, 1 Decke, 1 Kissen und 1 Teddy

Zeitaufwand: 2–3 Minuten

Vorbereitung:
Zu Beginn holen Sie sich eine Triangel, ein Kissen, eine Decke und einen Teddybären, den Sie im Innenkreis auf ein Kissen legen und schließlich zudecken.

Spielverlauf:
Danach setzen Sie sich zwischen zwei Kinder und schlagen einmal die Triangel kräftig an. Kaum ist der Laut verklungen, sagen alle laut:

„Guten Morgen, Teddy!"

Danach stehen sie auf, gehen in Richtung Innenkreis und wählen eines der Kinder aus, vor das Sie sich hinstellen. Das betreffende Kind darf nun mithilfe des Stabs vom Platz aus die Triangel anschlagen, die Sie ihm entgegenstrecken. Kaum ist der Laut verklungen, dürfen die übrigen Kinder das betreffende Kind namentlich begrüßen.
Im Anschluss daran gehen Sie einen Platz nach links weiter, um dem nächsten Kind den Stab zu überreichen, mit dem es dann die Triangel, die Sie in der Hand halten, erklingen lässt.
Auf diese Weise geht's immer weiter, bis alle Kinder an der Reihe gewesen sind.
Zum Schluss schlagen Sie nochmals die Triangel an. Ist der Klang nicht mehr zu hören, gehen Sie zu dem Teddy, den Sie sanft aufwecken. Der Teddybär, dem Sie nun ihre Stimme geben und mit einer tiefen brummigen Stimme zu Wort kommen lassen, begrüßt Sie nun namentlich.

Hinweis:
Sollte in der Gruppe ein anderes Plüschtier üblich sein, dann verwenden Sie dieses Plüschtier anstelle des Teddys.

Kinder lieben Plüschtiere und Handspielpuppen, die auch zu Beginn im Morgenkreis eingesetzt werden können. Indem so wie hier ein Teddy verwendet wird, fällt es insbesondere jüngere Kinder viel leichter, sich aufeinander einzulassen. Dabei soll der Klang der Triangel den Kindern bei dieser Praxisidee bewusst machen, wer von ihnen gerade an der Reihe ist und von den anderen begrüßt wird.

Morgenklang

Alter: ab 1 Jahr

Material: 1 großes Tuch o. Ä, für jedes Kind 1 Rhythmusinstrument, wie zum Beispiel 1 Rassel, 1 Paar Klanghölzer und 1 Trommel

Zeitaufwand: 2–3 Minuten

Vorbereitung:
Kurz vor Spielbeginn breiten Sie in der Kreismitte ein großes Tuch aus, auf das Sie verschiedene Rhythmusinstrumente legen.

Spielverlauf:
Erst wenn alle zusammen im Stuhlkreis sitzen, sagen Sie laut:

„Guten Morgen … (Vorname eines Kindes benennen)!
Komm in unsere Mitte!
Hol dir ein Instrument bitte!"

Daraufhin krabbelt das betreffende Kind auf allen vieren in Richtung Innenkreis, um sich eines der Instrumente zu holen. Es lässt im Innenkreis kurz das Instrument erklingen. Daraufhin sagen alle übrigen Kinder laut:

„Guten Morgen!"

Danach krabbelt es auf allen vieren mit dem Instrument in der Hand auf seinen Platz zurück, sodass Sie auf die gleiche Weise ein neues Kind auswählen können. Sobald jedoch alle Kinder jeweils ein Rhythmusinstrument in den Händen halten und zusammen im Kreis sitzen, sagen alle nochmals laut „Guten Morgen!". Danach lassen alle Kinder ihre Rhythmusinstrumente erklingen.

Sich musikalisch gegenseitig begrüßen, kann alle Kinder miteinander verbinden. Dabei ist es unerheblich, ob alle Kinder ausreichende Deutschkenntnisse haben oder nicht. Darüber hinaus hat jedes Kind viel Freude daran, wenn es ein Instrument aussuchen und ausprobieren darf.

Sind alle Kinder da?

Alter: ab 2 Jahren

Material: für jedes Kind 1 Sitzkissen und 1 Rhythmusinstrument, wie zum Beispiel 1 Rassel, 1 Tamburin oder 1 Paar Klanghölzer

Zeitaufwand: 3–5 Minuten

Spielvorbereitung:
Für diese Praxisidee bilden Sie für alle Kinder mit den Kissen einen Kreis. Dabei spielt es keine Rolle, ob alle Kinder tatsächlich anwesend sind oder nicht.

Spielverlauf:
Die Kinder laden Sie nun herzlich in den Innenkreis ein. Dort angekommen, summen Sie zunächst die Melodie des altbekannten Frühlings- und Kinderlieds „Alle Vögel sind schon da" vor, bevor Sie dann gemeinsam mit den Kindern die folgende etwas geänderte Liedzeile singen:

„Alle Kinder sind schon da, alle Kinder, alle!"

Im Anschluss daran begrüßen Sie namentlich die anwesenden Kinder, die der Reihe nach in Richtung Sitzkreis auf allen vieren krabbeln, um sich einen freien Platz zu suchen. Sitzen alle anwesenden Kinder zusammen im Kreis, dürfen die Kinder nachschauen, ob es noch freie Plätze gibt. Falls ja, dürfen die Kinder gemeinsam die freien Kissen zählen und so herausfinden, wie viele Kinder gerade nicht anwesend sind. Wurde die richtige Anzahl an Kindern benannt, dürfen sie noch sagen, wie die betreffenden Kinder heißen. Dabei können Sie auch äußerliche Merkmale, wie Haarfarbe und Größe der fehlenden Kinder benennen.
Im Anschluss daran übergeben Sie jeweils ein Rhythmusinstrument den Kindern, die gerne eines möchten. Danach singen alle die o. g. Liedzeile zweimal und setzten dabei ihre Instrumente ein. Diejenigen Kinder, die kein Instrument haben, klatschen einfach im Takt zur Melodie.

Zu Beginn können Sie die anwesenden Kinder im Morgenkreis zählen. Für Kinder ist es jedoch besonders spannend und interessant zugleich, wenn sie miteinander erst einmal singen und dann auf spielerische Weise selbst herausfinden dürfen, ob die Gruppe vollzählig ist oder nicht.

Wie viele Kinder sind heute da?

Alter: ab 3 Jahren

Material: jede Menge Chiffontücher und 1 Schellenkranz

Zeitaufwand: 3–5 Minuten

Vorbereitung:
Zu Beginn legen Sie in die Mitte ein paar Chiffontücher, auf die Sie den Schellenkranz platzieren. Danach setzen Sie sich zu den Kindern in den Kreis.

Spielverlauf:
Sobald jedoch alle Kinder ruhig dasitzen, gehen Sie zu dem Schellenkranz. Dort angekommen, sagen Sie laut:

„Guten Morgen! Guten Morgen!
Behütet, sicher und geborgen.
Wie viele Kinder sind heute da?“

Daraufhin übergeben Sie einem beliebigen Kind den Schellenkranz. Während das Kind nun einmal den Schellenkranz erklingen lässt, sagen alle laut „Eins!“. Das Kind übergibt dann den Schellenkranz demjenigen Kind, das links neben ihm im Kreis sitzt. Das zweite Kind lässt nun ebenfalls einmal kurz den Schellenkranz erklingen. Daraufhin sagen alle laut „Zwei!“.
Auf diese Weise geht's immer weiter, bis das erste Kind wieder den Schellenkranz in den Händen hält. Danach sagen Sie Folgendes:

„Wie viele Kinder sind heute da?
Es sind … (Anzahl der Kinder einsetzen) *Kinder! Oh ja!“*

Indem die Kinder der Reihe nach einmal den Schellenkranz erklingen lassen, ist jedes Kind ohne viel Zutun kurz Mittelpunkt des Spielgeschehens. Auf diese Weise können die Kinder sich gegenseitig bewusst wahrnehmen.

Bist du fit und munter?

Alter: ab 2 Jahren

Material: evtl. 1 Hase aus Plüsch, Stoff o. Ä.

Zeitaufwand: 3–5 Minuten

Spielverlauf:
Ein beliebiges Kind holt sich einen Hasen, zum Beispiel aus Plüsch, und begibt sich alleine oder gemeinsam mit Ihnen in die Kreismitte. Alle übrigen Kinder fassen sich an den Händen, tanzen links im Kreis herum und singen dabei das altbekannte Kinderlied „Häschen in der Grube“, dessen Liedtext von dem deutschen Pädagogen Friedrich Fröbel (1782–1852) stammt:

„Häschen in der Gruppe
saß und schlief, saß und schlief.
Armes Häslein bist du krank,
dass du nicht mehr hüpfen kannst?
Häschen hüpf!“ (3 ×)

Daraufhin kann das Kind laut sagen:

„Guten Morgen! Ich bin fit und munter!“

Danach hüpft es mit seinem Hasen in der Hand zu einem anderen Kind, mit dem es dann den Platz tauscht. Das neue Kind erhält den Hasen und darf sich zunächst in der Kreismitte etwas ausruhen.
Das Singspiel geht so lange weiter, bis jedes Kind, das gerne möchte, ausgehend von der Kreismitte die übrigen Kinder genauso fröhlich begrüßen konnte.

Ein kleines Plüschtier, wie zum Beispiel ein Hase, kann Kindern helfen, sich in die Kreismitte zu begeben und somit der Mittelpunkt des Spielgeschehens zu sein. Es hilft den Kindern dabei, mögliche Ängste zu überwinden, motiviert und begeistert mitzumachen.

Pferdchen lauf Galopp

Alter: ab 3 Jahren

Material: 1 Schaukelpferd

Zeitaufwand: 3–5 Minuten

Vorbereitung:
Für diese Praxisideen stellen Sie ein Schaukelpferd in die Kreismitte.

Spielverlauf:
Eines der Kinder, das gerne möchte, darf sich auf das Schaukelpferd setzen. Während nun das Kind im Innenkreis schaukelt, singen alle das altbekannte Volkslied „Hopp, hopp, hopp, Pferdchen, lauf Galopp“, dessen Text übrigens der Schulmeister Karl Hahn (1778–1854) schrieb:

„Hopp, hopp, hopp!
Pferdchen, lauf Galopp!
Über Stock und über Steine,
aber brich dir nicht die Beine!
Hopp, hopp, hopp. hopp, hopp!
Pferchen lauf Galopp!“

Das Kind auf dem Schaukelpferd wählt nun eines der Kinder aus, das es namentlich begrüßt und dabei fragt, ob es auch reiten möchte. Die beiden Kinder tauschen dann ihre Plätze.
Danach fängt eine neue Spielrunde an, bei dem das Kind in der Kreismitte schaukelt und alle übrigen Kinder wieder singen.
Auf diese Weise geht's immer weiter, bis alle Kinder, die gerne möchten, in der Kreismitte schaukeln und ein anderes begrüßen konnten.

Schaukeln und Singen wirken beruhigend. Bei dieser Praxisidee soll das Schaukeln auf dem Schaukelpferd den Kindern auch helfen, sich locker und entspannt aufeinander einzulassen.

Guten Morgen! Ich heiße ...

Alter: ab 4 Jahren

Material: 1 Djembe (Bechertrommel aus Westafrika)

Zeitaufwand: 3–5 Minuten

Spielverlauf:
Die Kinder, die einander noch fremd sind oder sich die einzelnen Vornamen noch nicht so gut einprägen konnten, dürfen sich nun gegenseitig vorstellen.
Zu diesem Anlass übergeben Sie einem der Kinder die Djembe. Während nun dieses Kind sich demjenigen Kind zuwendet, das links neben ihm im Stuhlkreis sitzt, sagt es laut:

„Guten Morgen! Ich heiße ... und wie heißt du?“

Dabei trommelt es bei jeder Silbe. Das betreffende Kind darf nun seinen Vornamen verraten. Es erhält die Trommel und tut es ihm gleich. Dabei wendet es sich demjenigen Kind zu, das links neben ihm sitzt.
Auf diese Weise geht's immer weiter, bis das erste Kind wieder die Trommel in den Händen hält.

Kinder können Wörter in Silben zerlegen, indem sie zum Beispiel einzelne Silbe trommeln oder einfach klatschen. Sie zu kennen ist eine Grundvoraussetzung zum Schreiben und Lesen lernen.
Bei dieser Praxisidee können natürlich auch die Vorname der Kinder aus einer einzigen Silbe oder gar aus mehreren Silben bestehen.

Wie heißt du denn?

Alter: ab 2 Jahren

Material: 1 Schellenkranz, 1 Handtrommel und 2 Maracas

Zeitaufwand: 3–5 Minuten

Vorbereitung:
In der Kreismitte legen Sie die o. g. Instrumente.

Spielverlauf:
Eines der Kinder, das gerne möchte, geht entweder alleine oder mit Ihnen an der Hand in Richtung Kreismitte. Dort angekommen, bitten Sie das Kind, eines der Instrumente erklingen zu lassen, um so die akustische Aufmerksamkeit der anderen zu gewinnen. Danach sagen Sie zu dem Kind Folgendes:

„Hallo! Wie heißt du denn?“

Das betreffende Kind darf nun sagen, wie es heißt. Sollte es jedoch zu schüchtern sein, um sich zu äußern, dann können Sie das Kind fragen, ob es ... *(Vornamen des Kindes einsetzen)* heißt. Auf diese Weise braucht das Kind nur noch zu nicken oder einfach die Frage bejahen.
Unabhängig davon, geht es dann wieder auf seinen Platz zurück, sodass Sie ein anderes Kind in den Innenkreis einladen können.
Das Spiel geht so immer weiter, bis alle Kinder, die gerne möchten, sich im Innenkreis sozusagen musikalisch namentlich vorstellen konnten. Alle übrigen Kinder dürfen vom Platz aus der Reihe nach sagen, wie sie heißen und, falls sie wollen, natürlich auch eines von den Instrumenten erklingen lassen, das Sie dann nacheinander den betreffenden Kindern überreichen.

Im Mittelpunkt des Spielgeschehens zu stehen, fällt nicht jedem Kind leicht. Ein Anreiz, das trotzdem zu tun und sich dabei auch noch namentlich vorzustellen, kann ein Instrument sein, das die Kinder nun ausgehend von der Kreismitte kurz erklingen lassen dürfen.

Guten Morgen, sagt der Bär

Alter: ab 2 Jahren

Material: 1 Teddybär, 1 Wecker, 1 Handtrommel

Zeitaufwand: 2–3 Minuten

Vorbereitung:
In die Kreismitte legen Sie als Anschauungsobjekt einen Teddybären und einen Wecker, den Sie so einstellen, dass dieser kurz vor Spielbeginn klingelt. Zudem benötigen Sie noch eine Handtrommel, mit der Sie sich zu den Kindern in den Stuhlkreis setzen.

Spielverlauf:
Sobald der Wecker klingelt, schalten Sie ihn wieder aus. Während Sie nun den Text vorlesen, machen Sie und die Kinder Folgendes:

Guten Morgen, sagt der Bär.
Das freut alle Kinder sehr!
Bei jeder Silbe trommeln. Passend dazu stampfen alle zusammen auf den Boden

Guten Morgen, sagt die Katze
und reicht uns lieb ihre Tatze!
Bei jeder Silbe trommeln. Alle geben sich gegenseitig die Hände

Guten Morgen, sagt die Maus
und das Begrüßungsspiel ist aus!
Winken

Einfache Verse und kurze Texte, wenige Instrumente oder gar der eigene Körper als Instrument sind völlig ausreichend, um bereits den Kleinsten viel Freude an Musik und den gemeinsamen Tun zu vermitteln. Und wenn dabei auch ein paar dazu passenden Utensilien, wie zum Beispiel ein Teddybär und ein Wecker zum Einsatz kommen, macht alles von Anfang an besonders viel Spaß!

Hoppe hoppe Reiter

Gruppen- und Rhythmusgefühl: Krabbelverse, Kniereiter, kooperative Musikspiele und Sitztänze

Kniereiter, Krabbelverse & Co. gehören zu den ersten Spielen, die Eltern und andere Bezugspersonen mit ihren Kindern machen. Indem Sprache oder Gesang und Bewegung zusammenkommen, sind sie für Kinder hervorragend geeignet. Sie sind äußerst unterhaltsam, können aber auch trösten oder einfach zwischendurch als Pausenfüller eingesetzt werden. Insgesamt machen sie das Eingehen der Kinder aufeinander leicht und schaffen eine gute Basis für ein vertrauensvolles Miteinander.

Darüber hinaus können Kinder auch von sich aus aktiv werden, indem sie zum Beispiel ein Kinderlied singen oder ein Musikstück hören und dabei in die Hände klatschen oder gar mit dem Fuß wippen. Zu zweit oder gar in der Gruppe macht das Bewegen und Tanzen besonders viel Spaß. Kooperative Musikspiele und einfache Sitztänze sind ein gutes Beispiel dafür, wie Sie in Ihrer Kindergruppe das Rhythmusgefühl, das gute Miteinander und Fröhlichsein gleichermaßen fördern können.

Das zweiten Kapitel enthält in erster Linie Praxisideen, die soziale Kontakte durch das gemeinsame Sprechen, Singen, Bewegen und Tanzen fördern.
Auf spielerische Weise nehmen die Kinder ihren Körper wahr und setzen das Gehörte in Bewegung um. Ohne viel Zutun erweitern sie so ihren Sprachschatz und trainieren das rhythmisches Empfinden. Indem sie auch eigene Bewegungsideen zum Besten geben, werden sie kreativ und lernen mit ihrem Körper zu experimentieren. Weiterhin üben sie sich, im Raum zu orientieren und miteinander zu interagieren, sodass auch ihr Selbstwert- und Zugehörigkeitsgefühl auf musikalische Weise gefördert wird.

„*Das Beste in der Musik steht nicht in den Noten.*"

Gustav Mahler (1860–1911), österreichischer Komponist am Übergang von der Spätromantik zur Moderne

Krabbelmaus bist du zu Haus'?

Alter: ab 2 Jahren

Material: 1 Gymnastikreifen

Zeitaufwand: 3–5 Minuten

Spielverlauf:
Eines der Kinder, das gerne möchte, erhält von Ihnen einen Gymnastikreifen, den es in der Kreismitte senkrecht auf den Boden stellt und gut festhält. Während nun das Kind vor dem Reifen sitzt, knien Sie sich direkt vor das Kind auf den Boden hin. Danach sagen Sie gemeinsam mit den übrigen Kindern laut:

„Hallo, Krabbelmaus
bist du zu Haus'?"

Die Kinder, die zusammen im Kreis sitzen, klatschen bei jeder Silbe in die Hände. Währenddessen krabbeln Sie mit ihren Fingern die Arme der Krabbelmaus bzw. des Kindes hoch. Im Anschluss daran darf das Kind in der Mitte die Fragen bejahen. Danach sagen alle laut:

„Komm zu uns bitte!
Komm zu uns bitte!"

Daraufhin halten Sie den Reifen fest, sodass das Kind auf allen vieren durch den Reifen krabbeln kann. Sitzen alle Kinder wieder zusammen im Kreis, darf das vorherige Kind ein neues auswählen, das zunächst im Innenkreis den Reifen senkrecht auf den Boden stellen und gut festhalten darf.
Auf diese Weise finden noch ein paar Durchgänge statt, bei denen jedes Mal ein anderes Kind im Innenkreis die Krabbelmaus spielen darf.

Einfache Krabbelverse bereiten den Kindern viel Freude. Während das Kind in der Mitte sich durch Ihre Finger unterhalten lässt und dabei auch zum aktiven Mitmachen motiviert wird, können die anderen bei dieser Praxisidee sogar üben, die Wörter in Silben zu unterteilen, indem sie bei jeder Silbe klatschen.

Rasselbande

Alter: ab 3 Jahren

Material: Tanzmusik, 1–2 Rasseln

Zeitaufwand: 3–5 Minuten

Spielverlauf:
Alle Kinder sitzen zusammen im Kreis. Eines von ihnen holt sich ein bis zwei Rasseln.
Zum Rhythmus der Musik patschen alle Kinder im Takt auf die Oberschenkel. Das Kind jedoch lässt die Rassel(n) im Takt erklingen. Das geht so lange, bis Sie die Musik stoppen. Es übergibt dann die Rassel(n) demjenigen Kind, das links neben ihm im Kreis sitzt. Danach steht das erste Kind auf.
Das zweite Kind lässt dann die Rassel(n) erklingen, sobald die Musik wieder zu hören ist. Alle übrigen Kinder patschen wieder im Takt zur Melodie auf die Oberschenkel.
Auf diese Weise geht's immer weiter, bis das erste Kind erneut die Rassel(n) erhält und somit alle Kinder zusammen im Kreis stehen. Danach sagen Sie laut:

„Die Rasselbande steht nun zusammen Kreis.
Alle tanzen linksherum, wie jeder von uns weiß!"

Daraufhin dürfen alle einen geschlossenen Kreis bilden und so lange im Uhrzeigersinn tanzen, bis die Musik beendet ist.

Sollten mehrere Rhythmusinstrumente vorhanden sein, dann können die Kinder für dieses Musikspiel auch ein bis zwei andere Rhythmusinstrumente auswählen. Unabhängig davon, können die Kinder zum Beispiel auch durch Klatschen oder Stampfen den Rhythmus der Musik begleiten und so bewusst die Musik und das gute Miteinander erleben.

Wir tanzen Hand in Hand

Alter: ab 4 Jahren

Material: Tanzmusik

Zeitaufwand: 3–4 Minuten

Spielverlauf:
Alle Kinder bilden einen geschlossenen Kreis.
Sobald jedoch die Musik erklingt, tanzen alle Kinder Hand in Hand links im Kreis herum. Das geht jedoch nur so lange, bis eines der Kinder ein anderes loslässt oder Sie die Musik stoppen.
Erklingt erneut die Musik, tanzen alle Hand in Hand rechts herum. Sollte jedoch ein Kind ein anderes in der ersten Tanzrunde aus irgendwelchen Gründen nicht mehr festgehalten haben, dann tanzen alle wieder Hand in Hand im Uhrzeigersinn herum.
Auf diese Weise geht's immer weiter, bis das Musikstück beendet ist.

Hinweis:
Es empfiehlt sich, die Musik am Anfang schneller zu stoppen, damit alle Kinder die Aufgabe erfüllen können und letztendlich ein Erfolgserlebnis haben.

Indem die Kinder einen geschlossenen Kreis bilden und zusammen tanzen, erhalten alle rasch ein Zugehörigkeits- und Gemeinschaftsgefühl. Miteinander werden so aber auch musikalische Kompetenzen und das eigene Körpergefühl gefördert sowie das Rhythmusgefühl geschult.

Zusammen ausreiten

Alter: ab 1 Jahr

Material: –

Zeitaufwand: 3–5 Minuten

Spielverlauf:
Die Kinder stellen ihre Stühle mit der Lehne in Richtung Innenkreis und setzen sich rittlings auf ihre Stühle hin, die nun Pferde darstellen.
Falls jüngere Kinder anwesend sein sollten, setzen die Erwachsenen, die die Pferde mimen, ihre Kinder vorne auf ihren Oberschenkeln hin und zwar so, dass sich beide gegenseitig anschauen können. In diesem Fall bleiben die Stühle so wie gewohnt im Kreis stehen. Konnten alle eine gute Sitzposition finden, geht's los: Während nun alle die erste Strophe des Liedes „Hoppe hoppe Reiter" singen, die übrigens Carl Hahn (1778–1854) schrieb, können die Erwachsenen im Kreis und die Kinder, die rittlings auf ihren Stühlen sitzen, bei jeder Silbe mit ihren Oberschenkel auf und ab wippen:

„Hoppe hoppe Reiter, wenn er fällt, dann schreit er.
Fällt er in den Graben, fressen ihn die Raben.
Fällt er in den Sumpf, macht der Reiter plumps!"

Am Ende spreizen die Erwachsenen etwas ihre Beine, sodass die Kinder, die sie gut festhalten, sanft auf den Boden fallen können. Alle übrigen Kinder stehen auf und tun so, als ob sie auf den Boden fallen würden.

„Hoppe hoppe Reiter" ist ein altbekannte Kniereiter. Der einprägsame Text und die einfache Melodie ist bei den Kleinen äußerst beliebt. Auf spielerische Weise werden durch den Kniereiter die Aufmerksamkeit des Kindes erhöht, das Gleichgewicht, die Wahrnehmung, das Rhythmusgefühl und die Sprachentwicklung geschult sowie das Wir-Gefühl gestärkt.

Lustige Finger

Alter: ab 2 Jahren

Material: 1 Handtrommel

Zeitaufwand: 1–2 Minuten

Spielverlauf:
Für diesen Krabbelvers holen Sie sich eine Handtrommel. Während Sie nun den folgenden Text vorlesen, machen Sie gemeinsam mit den Kindern Folgendes:

Das sind meine fünf Finger.
Das sind sehr lustige Dinger.
Erst alle fünf Finger in der Luft zappeln lassen, dann eine Faust bilden

Der Erste ist ein großer Mann.
Schaut mal, was er so kann.
Einmal trommeln: Den Daumen auf und ab bewegen

Der Zweite zeigt auf dich
und manchmal auf mich.
Zweimal trommeln: Erst auf irgendein Kind und dann auf sich selbst deuten

Der Dritte ist sehr groß.
Was macht er da bloß?
Dreimal trommeln: Den Mittelfinger ausstrecken und auf den Oberschenkeln hüpfen lassen

Der Vierte mag einen Ring.
Das ist absolut sein Ding.
Viermal trommeln: Mit dem Zeigefinger der anderen Hand auf den Ringfinger deuten

Der Fünfte ist der Kleinste hier
und kitzelt dich nun mit den Vier!
Fünfmal trommeln: Sich gegenseitig kitzeln

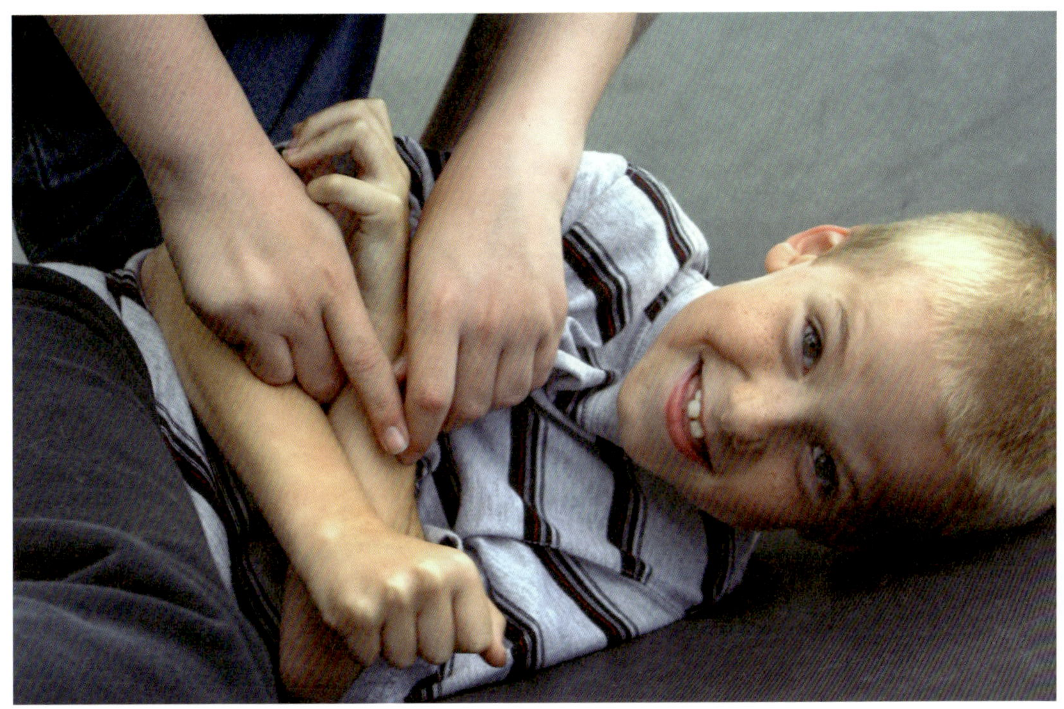

Fingerspiele fördern durch die Kombination aus Rhythmus, Sprachmelodie und Bewegung die sprachlichen und motorischen Fähigkeiten des Kindes. Dabei können aber auch andere Kompetenzen angesprochen werden. Indem Sie so wie hier zum Beispiel zweimal trommeln und die Kinder die dazu passende Anzahl an Fingern herzeigen, werden auch mathematischen Kompetenzen gefördert. Nicht zuletzt machen sie zu zweit oder in der Gruppe besonders viel Spaß!

Zehn Krabbelfinger

Alter: ab 3 Jahren

Material: –

Zeitaufwand: 3–5 Minuten

Spielverlauf:
Während Sie nun den Text vorlesen, machen Sie zusammen mit den Kindern Folgendes:

Eins, zwei, drei, vier, fünf, sechs, sieben –
Wie wir die Finger lieben.
Zwei Fäuste bilden und ausgehend vom Daumen die einzelnen Finger ausstrecken. Parallel dazu bei jeder Zahl einmal auf den Boden stampfen

Acht, neun und zehn –
Wie sie beieinandersteh'n.
Der Reihe nach die übrigen Finger ausstrecken und dabei bei jeder Zahl einmal auf den Boden stampfen

Patsch – Und alle sind weg!
Suchen hat keinen Zweck!
Kräftig in die Hände klatschen. Beide Hände rasch hinter dem Rücken verschwinden lassen

Einfache Texte, die sich reimen und einen Rhythmus haben, sind für Kinder äußerst unterhaltsam. Sie regen zum Mitsprechen und Bewegen an und machen in der Gruppe besonders viel Spaß.

Wer darf nun trommeln?

Alter: ab 4 Jahren

Material: 1 Djembe, 1 Boden-Trommel oder 1 Bongo

Zeitaufwand: 3–4 Minuten

Spielverlauf:
Die Kinder sitzen kreisförmig zusammen im Schneidersitz auf dem Boden, in dessen Mitte Sie zum Beispiel eine Djembe platzieren. Während Sie nun einen einfachen Rhythmus trommeln, bewegen sich alle Kinder im Takt vom Platz aus, indem sie zum Beispiel ihre Arme abwechselnd in die Luft strecken, mit den Händen auf ihre Oberschenkel patschen oder sich mit dem Oberkörper etwas vor und zurück bewegen. Das geht jedoch nur so lange, bis Sie zu trommeln aufhören und ein bis zwei Kinder namentlich aufrufen, die sich ebenfalls vor die Trommel knien dürfen. Danach trommeln Sie wieder einen einfachen Rhythmus, sodass die ausgewählten Kinder gut mitmachen können. Alle übrigen Kinder bewegen sich erneut im Takt vom Platz aus. Das geht wieder so lange, bis Sie gemeinsam mit ihrer Kleingruppe zu trommeln aufhören und ein bis zwei weitere Kinder namentlich aufrufen.
Das Trommelspiel ist beendet, sobald Sie zusammen mit sechs Kindern im Innenkreis trommeln.

Das gemeinsame Musizieren mit der Trommel schafft Verbindung und verringert den Abstand zwischen den Kindern. Es stärkt die Gemeinschaft und fördert ohne viel Zutun das Rhythmusgefühl.

Tiergeräusche

Alter: ab 1 Jahr

Material: 1 Handtrommel; evtl. fünf Fingerpuppen (Koala, Entenküken, Hase, Lamm und Hund)

Zeitaufwand: 2–3 Minuten

Spielverlauf:
Während nun die Kinder zusammen im Kreis sitzen, holen Sie sich eine Handtrommel. Danach können Sie die fünf oben benannten Fingerpuppen verwenden, die hervorragend zu dem Text passen, den Sie nun laut vorlesen und dabei zusammen mit den Kindern Folgendes machen:

Tiergeräusche kenne ich.
Hier kommen ein paar nur für dich!
Faust ballen und ausgehend vom Daumen der Reihe nach die einzelnen Finger ausstrecken. Passend dazu jedes Mal kurz trommeln

Das ist ein toller Koalabär.
Er kreischt so ungefähr.
Kreischen so wie ein Koala

Das ist ein kleines Entlein.
Piep, piep! Das klingt so fein.
Piepsen so wie ein Entenküken

Das ist ein Hase und ein Lamm.
Wer wohl so gut blöken kann?
Blöken so wie ein Lamm. Antwort: Lamm

Der Letzte ist ein kleiner Hund.
Er bellt laut und ist kerngesund.
Bellen so wie ein Hund

Alle Tiere laufen nun nach Haus'.
Und die Tiergeschichte ist aus.
Mit den fünf Fingern den Arm hochkrabbeln und die Hand schließlich unter der Achsel verstecken

Beim Reimen und Spielen mit den Fingern werden die Fantasie angeregt und die Sprachentwicklung, das Rhythmusgefühl und Motorik gefördert. Und wenn dann noch Fingerpüppchen zum Einsatz kommen, sind die Kinder in Ihrer Gruppe mehr als begeistert.

Lustiger Sitztanz

Alter: ab 4 Jahren

Material: Tanzmusik

Zeitaufwand: 3–5 Minuten

Spielverlauf:
Alle Kinder sitzen zusammen im Kreis auf dem Boden.
Zum Rhythmus der Musik können Sie zum Beispiel beide Arme nach oben ausstrecken und in der Luft hin und her bewegen. Darüber hinaus können Sie aber auch Quatsch machen, indem Sie im Takt zur Melodie die Zunge rausstrecken, den Kopf schütteln oder einfach mit dem Zeigefinger auf die Nasenspitze tippen. Die Kinder ahmen alles nach. Das geht so lange, bis Sie die Hände hinter Ihrem Rücken verschwinden lassen. Die Kinder tun es Ihnen gleich und warten ab, bis Sie irgendein Kind namentlich aufrufen, das dann im Takt zur Musik etwas vormachen darf. Die übrigen Kinder ahmen alles so lange nach, bis irgendwann das Kind seine Hände hinter seinem Rücken verschwinden lässt und ein neues Kind namentlich aufruft, das nun seine Rolle übernehmen darf.
Auf diese Weise geht's immer weiter, bis die Musik beendet ist.

Zur Schulung der Rhythmusfähigkeit eignen sich Sitztänze. Sie schaffen Abwechslung im Morgenkreis und fördern darüber hinaus durch die Bewegungen das Koordinationsvermögen, die Bewegungsfreude und das Denkvermögen. Indem die Kinder dabei auch noch Quatsch machen dürfen, trägt das zu einer positiven Gruppenatmosphäre bei.

Große Uhren machen tick tack

Alter: ab 1 Jahr

Material: 1 rotes Herz aus Holz, Pappe o. Ä.

Zeitaufwand: 3–5 Minuten

Spielverlauf:
Zu Beginn holen Sie sich ein rotes Herz und begeben sich dann mit Ihrem Stuhl in die Kreismitte. Danach setzen Sie sich auf den Stuhl und rufen ein beliebiges Kind namentlich auf, das Sie herzlich in die Kreismitte einladen. Das Kind erhält von Ihnen das Herz und darf sich auf Ihren Knien bzw. vorne auf Ihren Oberschenkel setzen und zwar so, dass Sie und das Kind sich gegenseitig in die Augen blicken können. Danach singen alle Kinder einstimmig den Kanon „Großen Uhren machen tick tack", der im frühen 19. Jahrhundert vom deutschen Komponisten, Arrangeur und Schulmeister Karl Karow (1790–1863) geschrieben wurde:

Großen Uhren machen tick, tack, tick, tack.
Kleine Uhren machen ticke, tacke, ticke, tacke.
und die kleinen Taschenuhren
ticketacke, ticketacke, tick.

Passend zum Ticken der Uhr schaukeln Sie das Kind genauso schnell hin und her. Alle übrigen Kinder, die zusammen im Stuhlkreis sitzen, heben bei jedem „Tick" und „Tack!" kurz ihr Po an und steigern genauso wie Sie langsam das Tempo.
Im Anschluss daran darf das Kind sein Herz einem anderen Kind übergeben, das dann auf Ihrem Schoss den Kniereiter durchführen darf.
Auf diese Weise wird das Ganze noch ein paarmal wiederholt.

Diese Praxisidee zeigt, wie Sie mit allen Kindern auf eine höchst kreative Weise einen Kniereiter im Morgenkreis durchführen können. Dabei kann ein Herz, das aus Holz sein kann, den Kindern verdeutlichen, wer von ihnen gerade in den Innenkreis eingeladen wird und letztendlich an der Reihe ist.

In der Kreismitte klingt's so schön

Hörschulung: Klang- und Geräuschspiele

Beliebte Spiele zur akustischen Wahrnehmung sind zum Beispiel „Stille Post", „Geräusche-Memo" und „Geräuschrätsel" am Tisch oder mit der ganzen Kindergruppe im Morgenkreis, die ohne viel Aufwand durchgeführt werden können.

Die auditive Wahrnehmung lässt sich in den Innenräumen besonders gut durch den Einsatz von einfachen Musikinstrumenten, vielseitig verwendbaren Alltagsgegenständen oder den eigenen Körper als Instrument fördern. Bereits die Kleinsten haben viel Freude daran, wenn sie zum Beispiel leise Töne oder laute Rhythmen durch Klatschen oder auf den Boden Stampfen zum Besten geben dürfen.

Darüber hinaus tragen Praxisideen zur Schulung der auditiven und räumlichen Wahrnehmung dazu bei, dass die Kinder spielerisch lernen, verschiedene Geräusche in ihrer Umwelt zu lokalisieren. Auf diese Weise können Sie als Spielleitung auch erkennen, ob ein Kind gut hören kann oder nicht.

Das dritte Kapitel enthält nun Praxisideen rund ums Hören. Auf spielerische Weise lernen die Kinder, ganz bewusst ihre Ohren zu spitzen und sich dabei auf eine Sache einzulassen. Auf spielerische Weise üben sie so zusammen, im Morgenkreis akustische Eindrücke zu benennen, zu unterscheiden und zuzuordnen sowie die Richtung einer Schallquelle zu erkennen.

„Ein einziger schöner Klang ist schöner als langes Gerede."

Theodor Joseph Joubert (1754–1824), französischer Moralist und Essayist

Ich höre etwas

Alter: ab 3 Jahren

Material: –

Zeitaufwand: 3–5 Minuten

Spielverlauf:

Alle Kinder mit Ausnahme von einem setzen sich rittlings auf ihre Stühle hin und beugen sich mit ihrem Oberkörper so weit nach vorne, dass sie ihre gekreuzten Unterarme auf die Stuhllehne und schließlich die Stirn auf den vor dem Kopf gekreuzten Unterarmen ablegen können.

Das übrige Kind begibt sich in die Kreismitte und schließt die Augen. Währenddessen tippen Sie einem beliebigen Kind auf die Schultern, das nun möglichst leise schnarchen darf. Daraufhin öffnet das Kind in der Mitte seine Augen und geht langsam im Innenkreis entlang der Kinder, um das schnarchende Kind ausfindig zu machen.

Konnte das gesuchte Kind gefunden werden, tauschen beide ihre Plätze. Danach darf das neue Kind sich in die Kreismitte begeben, um von dort aus eine weitere Spielrunde zu starten, sobald Sie das zweite Kind im Morgenkreis so wie bereits beschrieben, ausgewählt haben.

Auf diese Weise finden noch ein paar Spielrunden statt.

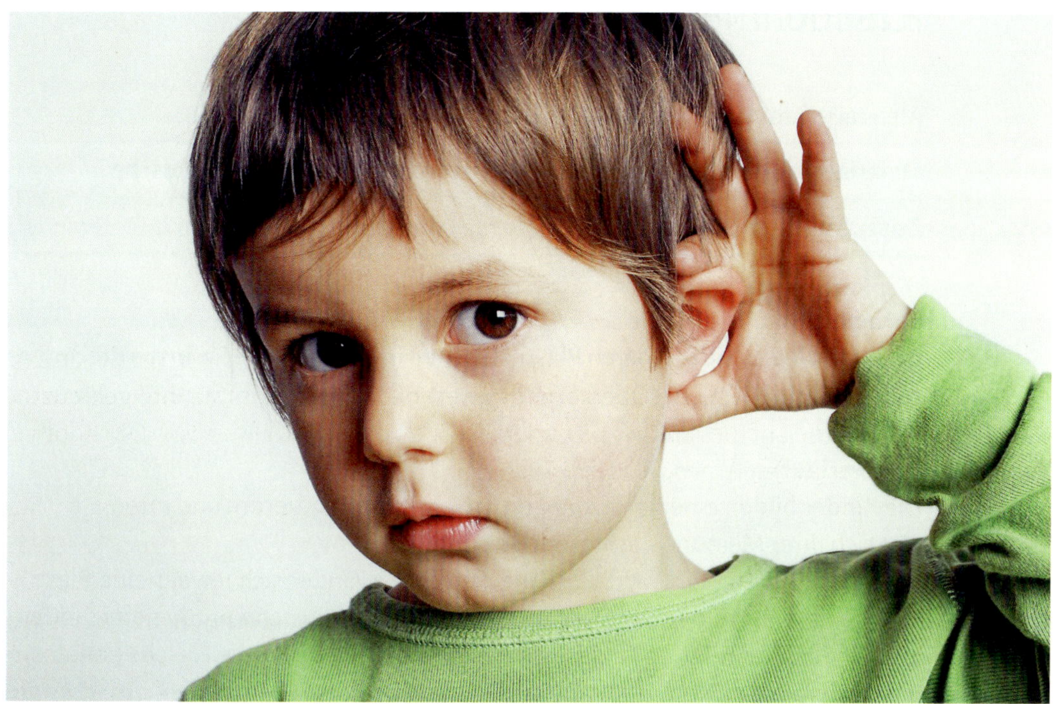

Bei dieser Praxisidee üben die Kinder, eine Geräuschquelle zu lokalisieren. Anstelle im Innenkreis herumzugehen, kann das Kind natürlich auch, ausgehend von der Kreismitte, auf dasjenige Kind deuten, das seiner Meinung nach gerade schnarcht.

Flaschenmusik

Alter: ab 5 Jahren

Material: 1 durchsichtige Plastikbox, für jedes Kind 1 leere Plastikfalsche

Zeitaufwand: 3–5 Minuten

Vorbereitung:
Zu Beginn legen Sie die leeren Plastikflaschen in eine Box, die Sie in die Kreismitte stellen.

Spielverlauf:
Die Kinder bilden einen großzügigen Kreis um die Box herum und raten, was sich ihrer Meinung nach in der Box befindet.
Wurde die richtige Antwort benannt, dürfen die Kinder sich jeweils eine Plastikflasche holen und mit der Flasche verschiedene Geräusche produzieren, indem sie zum Beispiel mit den Fingern gegen die Flasche tippen, die Flasche behutsam gegen den Boden schlagen oder die Flasche an die Lippen setzen, um über die Öffnung hinweg so zu blasen, dass ein Ton erzeugt wird.
Nach einer kurzen Experimentierphase wählen Sie ein beliebiges Kind aus, das nun mit seiner Flasche ein Geräusch oder einen Ton erzeugen darf. Bevor das jedoch geschieht, schließen alle ihre Augen und sagen laut:

„… (Vornamen des Kindes benennen), *was machst du nun?*
Wir sind ganz Ohr und wollen es auch gleich tun.“

Während nun das Kind zum Beispiel mit den Fingerspitzen auf der Flasche reibt, sind alle ganz Ohr. Danach öffnen sie auf Ihre Anweisung hin ihre Augen. Wer weiß, was das Kind gerade mit der Flasche gemacht hat? Wurde die Antwort herausgefunden, dürfen alle das, was sie soeben vernommen haben, genauso nachahmen.
Im Anschluss daran darf dann ein weiteres Kind ein Geräusch oder einen Ton mithilfe seiner Flasche erzeugen, sobald alle wieder ihre Augen schließen.
Nach ein paar Durchgängen ist das Ratespiel beendet.

Bei dieser Praxisidee können Sie auch erst einmal mit den Kindern im Gruppenraum oder in der Küche auf Entdeckungsreise gehen, um sich auf die Suche nach ein paar kleinen Gegenstände, wie zum Beispiel Kartons, Töpfe und Schüsseln, zu machen, die dann im Morgenkreis anstelle der Plastikflasche eingesetzt werden können.

Es klingt und dann ...

Alter: ab 1 Jahr

Material: 1 Glockenspiel

Zeitaufwand: 2–3 Minuten

Spielverlauf:
Eines der Kinder, das gerne möchte, geht in Richtung Kreismitte, auf die Sie das Glockenspiel platzieren.
Während nun das Kind alleine oder mit Ihrer Hilfe die einzelnen Töne der C-Dur-Tonleiter anschlägt, klatschen alle zusammen im Stuhlkreis, sobald ein Ton zu hören ist, ganz laut in die Hände.
Im Anschluss daran kommt dann anderes Kind an die Reihe, das auf dem Glockenspiel die einzelnen Töne der C-Dur-Tonleiter anschlagen darf. Dabei können Sie zusammen mit den übrigen Kinder bei jedem Ton zum Beispiel auf die Oberschenkel patschen, mit den Füßen auf den Boden stampfen. Sollten ältere Kinder anwesend sein, dann können Sie zusammen mit den Kindern auch die einzelne Töne vom tiefen C bis zum hohen C nachsingen.

Mithilfe des Glockenspiels können bereits jüngere Kinder einfache Töne erzeugen und sich daran mehr als erfreuen. Zudem können Sie durch den sehr hellen und klaren Klang des Glockenspiels schnell die Aufmerksamkeit Ihrer Kindergruppe gewinnen.

Ich rufe nach dir

Alter: ab 4 Jahren

Material: –

Zeitaufwand: 2–3 Minuten

Spielverlauf:
Bis auf ein Kind, das gerne möchte und das Sie namentlich benennen, dürfen alle übrigen Kinder im Morgenkreis ihre Augen schließen.
Das ausgewählte Kind schleicht nun zum Beispiel im Slalom zwischen den Stühlen herum. Das geht jedoch nur so lange, bis Sie dem Kind ein Handzeichen geben. Daraufhin bleibt das Kind steht, um von dort aus ein beliebigen Kind namentlich laut zu benennen. Das betreffende Kind darf nun in die Richtung des rufenden Kindes deuten. Zur Kontrolle öffnen alle ihre Augen und schauen nach, ob das Kind den Standort des betreffenden Kindes herausfinden konnte.
Unabhängig davon, darf dann in der nächsten Spielrunde ein neues Kind, das gerne möchte und das Sie auswählen, ein anderes Kind namentlich laut aufrufen. Das geschieht jedoch erst dann, wenn alle Kinder bis auf das eine wieder mit geschlossenen Augen zusammen im Stuhlkreis sitzen und das übrige Kind ein Weilchen zum Beispiel im Innenkreis links herumgehen konnte.
Auf diese Weise können noch weitere Spielrunden folgen.

Das Richtungshören ist überaus bedeutsam im Alltag. So können Kinder, die die Richtung einer Schallquelle erkennen können, wesentlich besser Gefahrenquellen, wie zum Beispiel im Straßenverkehr, wahrnehmen und einschätzen.

Ohren wie ein Luchs

Alter: ab 5 Jahren

Material: evtl. 1 Liederbuch oder Liederblatt

Zeitaufwand: 2–3 Minuten

Spielverlauf:
Für diese Praxisidee wählen Sie ein bekanntes Kinderlied aus, wie zum Beispiel „Alle meine Entchen“ oder „Fuchs, du hast die Gans gestohlen“.
Die Kinder sollen sich nun auf ein bestimmtes Wort, das mehrmals im Liedtext vorkommt, fokussieren. Das kann bei dem ersten Vorschlag zum Beispiel die Ente und bei dem zweiten der Fuchs sein.
Danach dürfen alle das ausgewählte Lied singen und jedes Mal, wenn das gesuchte Wort im Gesang auftaucht, ihre Hand für alle gut sichtbar in die Luft heben.
Klappt das Zusammenspiel, dann können Sie auch ein für alle unbekannteres Lied auswählen, bei dem Sie ein Wort benennen, das im Liedtext mehrmals vorkommt. In diesem Fall singen Sie einfach das Lied vor. Die Aufgabe der übrigen Kinder besteht nun darin, jedes Mal kurz die Hand zu heben, sobald sie glauben, das gesungene gesuchte Wort zu hören.

Bei dieser Praxisidee lernen die Kinder ganz aufmerksam zu sein und im entscheidenden Moment zu reagieren. Auf diese Weise wird vor allem auch die Merkfähigkeit und Konzentration gefördert.

So kling's gut

Alter: ab 2 Jahren

Material: –

Zeitaufwand: 2–3 Minuten

Spielverlauf:
Die Kinder dürfen nun der Reihe nach ihre Vornamen möglichst laut herausschreien. Danach können Sie die Kinder fragen, ob das, was sie gehört haben, laut gewesen ist oder nicht.
In der nächsten Spielrunde dürfen die Kinder möglichst leise der Reihe nach ihren Vornamen flüstern. Im Anschluss daran dürfen die Kinder sagen, ob sie die Vornamen der einzelnen Kinder noch hören konnten oder nicht.
Danach können Sie den Kindern bewusst machen, dass man auch ein Lied weder zu laut noch zu leise singen sollte.
Laden Sie nun die Kinder dazu ein, miteinander ein für alle bekanntes Kinderlied, wie zum Beispiel „Es tanzt ein Bi-Ba-Butzemann“ oder „Alle meine Entchen“ in einer normalen und somit für alle angenehmen Lautstärke zu singen.

Schreien kann genauso wie mehrere Stunden am Tag sprechen, die Stimme belasten. Deshalb sollten Kinder keinen Schreigesang ausüben. Nicht zuletzt sollten Kinder beim Singen ihre Kopfstimme trainieren, sodass sich der Stimmumfang vollständig ausbilden kann.

Psst, wer singt denn da?

Alter: ab 4 Jahren

Material: –

Zeitaufwand: 5–6 Minuten

Spielverlauf:
Ein beliebiges Kind kniet sich direkt vor Ihren Stuhl hin.
Während das Kind nun den Kopf auf Ihren Schoß legt, deuten Sie auf ein anderes Kind, das ein Leisezeichen macht, indem es mit den Zeigefinger auf seinen geschlossenen Mund tippt. Das ausgewählte Kind schleicht sich nun direkt hinter das vor dem Stuhl kniende Kind. Dort angekommen singt es die erste Strophe eines einfaches Kinderlieds vor. Das Kind, das vor Ihnen kniet, soll anhand der Gesangstimme herausfinden, wie das Kind heißt. Zur Kontrolle öffnet es seine Augen und dreht sich in Richtung des Kindes, das dann mit ihm den Platz tauscht. Danach fängt auf die gleiche Weise eine neue Spielrunde an, bei der Sie wieder heimlich einen kleinen Sänger und eine kleine Sängerin auswählen.
Auf diese Weise kann das Spiel zum Lauschen und Erahnen noch ein paarmal weitergeführt werden.

Bei dieser Praxisidee sollten sich alle Kinder bis auf das Kind, das gerade singt, leise im Morgenkreis verhalten. Ein einfaches Zeichen, so wie auf dem Foto dargestellt, kann dazu beitragen, dass die Kinder sofort zuhören und sich nicht mehr unnötig von anderen Dingen ablenken lassen.

Wer hört noch den Klang?

Alter: ab 3 Jahren

Material: 1 Triangel, 1 Klangschale und 1 Gong

Zeitaufwand: 2–3 Minuten

Spielverlauf:
Für diese Praxisidee holen Sie sich eine Triangel, eine Klangschale und einen Gong, mit den Instrumenten setzen Sie sich dann in den Morgenkreis.
Während nun alle Kinder ruhig im Morgenkreis sitzen, schlagen Sie kräftig der Reihe nach die einzelnen Instrumente an. Die Kinder lauschen und sollen die Hand heben, sobald sie der Meinung sind, dass alle Klänge verklungen sind. Zur Kontrolle geben Sie den Kindern Bescheid, sobald das tatsächlich geschehen ist.
Danach übergeben Sie die Instrumente einem anderen Kind im Kreis, das diese ebenfalls nacheinander erklingen lässt, sobald alle wieder leise zusammen im Kreis sitzen. Dabei dürfen die übrigen Kinder wieder die Hand heben, falls sie der Ansicht sein sollten, dass nichts mehr von den Klängen zu hören ist.
Auf diese Weise finden noch ein paar Durchgänge statt.

Ist der Klang verklungen oder nicht? Die Fragen ist umso schwerer zu beantworten, wenn nicht nur ein Klanginstrument, sondern gleich mehrere kurz hintereinander angeschlagen wurden. Bei jüngeren Kinder empfiehlt es sich jedoch, lediglich ein Klanginstrument zu verwenden.

Lautstärke anpassen

Alter: ab 5 Jahren

Material: 1 Djembe, für jedes Kind 1 Rhythmusinstrument, wie zum Beispiel 1 Rassel, 1 Paar Klanghölzer und 1 Holzblocktrommel

Zeitaufwand: 2–3 Jahren

Spielverlauf:

Für diese Praxisidee benötigen Sie eine Trommel, wie zum Beispiel eine Djembe. Die Kinder holen sich jeweils ein Rhythmusinstrument und setzen sich zu Ihnen in den Kreis auf den Boden.

Danach trommeln Sie einen einfachen Rhythmus sehr laut vor, den die Kinder genauso laut mithilfe ihrer Instrumente begleiten. Schaffen das die Kinder als Team? Falls ja, wird das Trommeln Ihrerseits immer leiser. Daraufhin sollen die Kinder zusammen im Takt ebenso leise musizieren.

Gelingt das musikalische Zusammenspiel, dann trommeln sie wieder lauter. Die Kinder passen sich der Lautstärke an, indem sie genauso laut ihre Instrumente erklingen lassen.

Das Spiel endet mit einem kräftigen Trommelschlag.

Miteinander musizieren macht Spaß. Damit das jedoch gut gelingt, brauchen die Kinder ein gutes Gehör und ein gutes Rhythmusgefühl. Durch das Zusammenspiel wird natürlich auch das Wir-Gefühl gestärkt.

Im Takt bleiben

Alter: ab 3 Jahren

Material: 1 Handtrommel

Zeitaufwand: 3–5 Minuten

Spielverlauf:
Zu Beginn holen Sie sich eine Handtrommel und gehen damit in Richtung Kreismitte.
Dort angekommen, trommeln Sie einen einfachen Rhythmus vor, den alle übrigen Kinder durch ihr Klatschen begleiten. Irgendwann jedoch hören Sie zu trommeln auf. Daraufhin sollen alle Kinder rasch ihre Hände hinter dem Rücken versteckt halten. Dasjenige Kind, dem das besonders schnell gelingt, darf mit Ihnen den Platz tauschen, um – ausgehend von der Kreismitte – einen weiteren Rhythmus zu trommeln.
Auf diese Weise finden noch ein paar Trommelrunden zur Förderung des Hörsinns statt.

Zum Rhythmus des Trommelspiels klatschen, schult nicht nur das Rhythmusgefühl, sondern auch die akustische Aufmerksamkeit. Indem die Kinder abrupt damit aufhören sollen, wird das Reaktionsvermögen geschult.

Häschen in der Gruppe

Sprache und Motorik: Sprechverse, Klatschspiele, Klanggeschichten, Sing- und Fingerspiele

Sprechverse mit musikalischer Begleitung, Praxisideen mit Gesang oder einem von Ihnen vorgelesenen Text, der mit kurzen Klängen und Tönen begleitet wird, sind Beispiele dafür, wie Kinder von klein auf mit Sprache spielen und dabei jede Menge Spaß haben können.

Damit jedoch die Sprachentwicklung durch Musik optimal gefördert werden kann, sollten Sie die Lieder nicht zu tief anstimmen, da es sonst schnell zum Schreigesang kommen kann. Sobald jedoch die Kinder ein einfaches Kinderlied durch die dazu passenden Bewegungen auswendig lernen und somit auf spielerische Weise das Lied immer singen, sind beide Hirnhälften zur Verarbeitung von Musik und Sprache beteiligt. Dabei werden ohne viel Zutun der Wortschatz vertieft und erweitert sowie Satzstrukturen und Sprachrhythmus besonders gut verinnerlicht.

Empfehlenswert ist der frühzeitige Umgang mit Reimen, Silben & Co., der übrigens nicht nur das Gehör, sondern auch das phonologische Gedächtnis anregt. Indem die Kinder zum Beispiel einen Sprechvers aufsagen und bei jeder Silbe klatschen, findet eine optimale Vorbereitung auf das Lesen- und Schreibenlernen statt.

Im diesem vierten Kapitel erhalten Sie nun verschiedenen Praxisideen für die musikalische Sprachförderung. Das geschieht unter anderem durch das Singen, Tanzen und Bewegen, aber auch durch das Experimentieren mit Rhythmen und das Vertonen von Geschichten. Spielerisch sollen die Kinder nun an die Musik und Sprache herangeführt werden. Dabei können nicht nur neue musikalische Praxisideen, sondern auch traditionelle Kinderlieder, die Sie vielleicht noch aus der eigenen Kindheit kennen, zum Einsatz kommen.

„Musik ist die Sprache der Leidenschaft."

Richard Wagner (1813–1883), deutscher Komponist, Schriftsteller, Theaterregisseur und Dirigent

Backe, backe Kuchen

Alter: ab 2 Jahren

Material: ein paar Töpfe, Schüsseln etc., 2 Kochlöffel

Zeitaufwand: 1–2 Minuten

Spielverlauf:
Für dieses Singspiel brauchen Sie ein paar Töpfe, Schüsseln etc., die Sie kopfüber nah zusammen im Innenkreis auf den Boden stellen.
Eines der Kinder, das gerne möchte und das Sie namentlich aufrufen, erhält von Ihnen zwei Kochlöffel und setzt sich direkt vor das „Schlagzeug" auf den Boden.
Bevor jedoch alle das altbekannte Kinderlied „Backe backe Kuchen" singen, das vermutlich bereits vor dem Jahr 1840 in Sachsen und Thüringen zum ersten Mal so oder ähnlich auftauchte, können Sie den Kindern sagen, dass das Kuchenbacken zusammen besonders viel Freude bereitet.
Während nun alle das Lied singen, darf das Kind im Takt mithilfe der Kochlöffel auf die umgedrehten Sachen klopfen. Passend dazu patschen alle übrigen Kinder voller Freude im Takt auf ihre Oberschenkel:

Backe, backe Kuchen,
der Bäcker hat gerufen.
Wer will guten Kuchen backen,
der muss haben sieben Sachen:
Eier und Schmalz,
Zucker und Salz,
Milch und Mehl,
Safran macht den Kuchen gehl!
Schieb, schieb in´n Ofen rein.

Im Anschluss daran tauscht das Kind seinen Platz mit einem anderen im Morgenkreis.
Das Singspiel kann so beliebig oft durchgeführt werden. Dabei darf sich jedes Mal ein anderes Kind vor das „Schlagzeug" setzen.

Kinder lieben Spiele mit musikalischen Einlagen, die zum Beispiel aus Liedern und Tänzen bestehen können. Dabei werden die Motorik, das Taktgefühl und die Musikfreude geschult. Nicht zuletzt werden Singspiele gerne im Bereich der Sprachförderung eingesetzt.

Fünf Hasen

Alter: ab 2 Jahren

Material: 1 Kastagnette

Zeitaufwand: 1–2 Minuten

Spielverlauf:
Für das folgende Fingerspiel benötigen Sie eine Kastagnette. Dazu machen Sie zusammen mit den Kindern zu dem Text, den Sie vorlesen, Folgendes:

Eine Hase hüpft auf und ab,
auf und ab – Papperlapapp!
Den Daumen auf dem Oberschenkel hüpfen lassen
Bei „Papperlapapp!" Kastagnette erklingen lassen

Zwei Hasen hüpfen auf und ab,
auf und ab – Papperlapapp!
Daumen und Zeigefinger auf dem Oberschenkel hüpfen lassen
Bei „Papperlapapp!" Kastagnette erklingen lassen

Drei Hasen hüpfen auf und ab,
auf und ab – Papperlapapp!
Daumen, Zeige- und Mittelfinger auf dem Oberschenkel hüpfen lassen
Bei „Papperlapapp" Kastagnette erklingen lassen

Vier Hasen hüpfen auf und ab,
auf und ab – Papperlapapp!
Daumen, Zeige- und Mittelfinger sowie Ringfinger auf dem Oberschenkel hüpfen lassen
Bei „Papperlapapp" Kastagnette erklingen lassen

Fünf Hasen hüpfen auf und ab,
auf und ab. Machen sie schlapp? – Papperlapapp! Alle machen schlapp!
Alle fünf Finger auf dem Oberschenkel hüpfen lassen
Am Schluss erst den imaginären Schweiß von der Stirn wischen und dann alle fünf Finger wieder auf dem Oberschenkel hüpfen lassen.

Fingerspiele bereiten bereits den Kleinsten viel Freude. Durch das Spiel mit den Fingern und Händen werden sprachliche und feinmotorische Kompetenzen gefördert. Zudem regen sie die Fantasie an und können darüber hinaus auch musikalisch mit einfachen Instrumenten untermalt werden.

Summm, summ, summ

Alter: ab 3 Jahren

Material: 1 Triangel

Zeitaufwand: 2–3 Minuten

Spielverlauf:
Zu Beginn holen Sie sich eine Triangel. Eines der Kinder, das gerne möchte, rufen Sie namentlich auf. Das betreffende Kind begibt sich in die Innenkreis, um von dort aus eine Biene darzustellen.
Während nun alle die erste Strophe des traditionelle Kinderlieds „Summ, summ, summ" singen, dessen Text von dem deutschen Hochschullehrer für Germanistik und Dichter August Heinrich Hoffmann von Fallersleben (1798–1874) stammt, lassen Sie passend zu den Zeilen „Summ, summ, summ" dreimal kurz hintereinander die Triangel erklingen:

Summ, summ, summ!
Bienchen summ' herum!
Ei, wir tun dir nichts zu Leide,
flieg' nun aus in Wald und Heide!
Summ, summ, summ!
Bienchen summ' herum!

Dabei darf die Biene bzw. das Kind, im Takt zur Melodie im Innenkreis gehen und dabei mit den Armen Flügelbewegungen machen. Danach setzt das Kind sich wieder auf seinen Platz zurück und erhält von Ihnen die Triangel. Danach wählt es ein anderes aus, das nun im Innenkreis die Biene darstellen darf. Das erste Kind jedoch darf nun genauso wie Sie zuvor die Triangel erklingen lassen. Alle übrigen Kinder singen die erste Strophe des Liedes.
Auf diese Weise kann das Singspiel beliebig oft wiederholt werden.

Singspiele fördern die Kreativität, das Sprachgefühl und unterstützen die Wortschatzerweiterung. Zudem wird durch die Melodien und Rhythmen die phonologische Bewusstheit gefördert.

Fuchs du hast die Gans gestohlen

Alter: ab 3 Jahren

Material: 1 kleine Gans aus Stoff, Holz oder Pappe

Zeitaufwand: 2–3 Minuten

Spielverlauf:
Alle Kinder bis auf eines sitzen zusammen in einem engen Stuhlkreis. Das übrige Kind jedoch begibt sich in den Innenkreis und hält sich die Augen zu. Es spielt den Bauern oder die Bäuerin, die sich auf die Suche nach der Gans machen darf. Übergeben Sie nun einem Kind heimlich die Gans, die, sobald alle die erste Strophe des traditionellen Kinderlieds „Fuchs du hast die Gans gestohlen", dessen Text der deutsche Lehrer, Organist, Lyriker und Komponist Ernst Anschütz (1780–1861) verfasst hat, singen, von Hand zu Hand links im Kreis herumgereicht wird:

Fuchs, du hast die Gans gestohlen,
gib sie wieder her,
gib sie wieder her,
Sonst wird dich der Jäger holen,
mit dem Schießgewehr,
mit dem Schießgewehr.

Im Anschluss daran darf dasjenige Kind, das gerade die „Gans" in den Händen hält, die Gans weiterhin in seinen Händen versteckt halten. Alle übrigen Kinder tun so, als ob sie ebenfalls eine Gans in ihren Händen versteckt halten würden. Das Kind im Innenkreis öffnet nun auf Ihre Bitte hin die Augen. Es darf nun herausfinden, wer von den Kindern die Gans hat und somit den Fuchs darstellt. Wurde das Kind entlarvt, tauschen beide ihre Rollen. Sollte jedoch das Kind im Innenkreis nach drei Versuchen den Fuchs nicht ausfindig machen können, dann darf ein anderes Kind, das gerne möchte und von Ihnen ausgewählt wird, in den Innenkreis treten, um von dort aus das Singspiel zu starten.

Miteinander ein Lied singen und sich auf die Suche nach etwas Bestimmtem machen, motiviert Kinder von Anfang bis zum Ende dabei zu bleiben und somit begeistert mitzumachen. Auf diese Weise wird so ganz nebenbei die Freude an Musik und die Aufmerksamkeit gefördert.

Eins, zwei, drei, ...

Alter: ab 4 Jahren

Material: –

Zeitaufwand: 1–2 Minuten

Spielverlauf:
Die Kinder bilden einen Innen- und Außenkreis. Dabei stellen sich immer zwei Kinder mit dem Gesicht einander zugewandt gegenüber auf. Jedes Paar macht zu dem Text, den Sie vorlesen, die dazu passenden Bewegungen:

Eins
Einmal sich gegenseitig mit beiden Händen abklatschen

Zwei
Noch einmal sich gegenseitig mit beiden Händen abklatschen

Drei
Noch einmal sich gegenseitig mit beiden Händen abklatschen

Vier
Noch einmal sich gegenseitig mit beiden Händen abklatschen

...

...

Zehn.
Noch einmal sich gegenseitig mit beiden Händen abklatschen

Alle wollen geh'n
Auf Wiedersehen!
Sich gegenseitig zuwinken

Im Morgenkreis können Sie erst einmal den Kindern das Klatschspiel vorstellen, indem Sie passend zum Text in die Hände klatschen. Dabei können auch Kinder unter 3 Jahren gut mitmachen. Danach können die Kinder so wie bereits beschrieben einen Innen- und Außenkreis bilden und somit paarweise das Klatschspiel durchführen, das die Konzentration, Merkfähigkeit, Sprachentwicklung und Motorik fördern.

Alle Vögel sind schon da

Alter: ab 3 Jahren

Material: für jedes Kind 1 Vogelwasserpfeife, 1 kleine Schüssel mit Wasser

Zeitaufwand: 2–3 Minuten

Spielverlauf:
Alle Kinder, die gerne möchten, erhalten von Ihnen jeweils eine Vogelwasserpfeife, deren Loch sie mit ein bisschen Wasser füllen. Hierfür stellen Sie eine kleine Schüssel mit Wasser bereit. Danach bilden die Kinder einen Innen- und Außenkreis und zwar so, dass sich stets zwei Kinder mit dem Gesicht zugewandt direkt gegenüber befinden.
Während Sie nun die erste Strophe des Liedtexts „Alle Vögel sind schon da", die von August Heinrich Hoffmann von Fallersleben (1798–1874) stammt, Zeile für Zeile vorlesen, dürfen die Kinder zusammen mit Ihnen jede Zeile wiederholen. Dabei klatschen die Kinder sich gegenseitig bei jede Silbe ab.

Alle Vögel sind schon da, alle Vögel, alle!
Welch ein Singen, Musizieren,
Pfeifen, Zwitschern, Tirillieren!
Frühling will nun einmarschier'n, kommt mit
Sang und Schalle.

Im Anschluss daran dürfen die Kinder ihre Vogelpfeifen betätigen und somit das Vogelgezwitscher darstellen. Auf diese Weise wird dann das Klatschspiel beendet.

Indem jedes Kind mit ein bisschen Wasser das Loch seiner Vogelwasserpfeife füllt, entsteht ein angenehmer Klang. Auf diese Weise können dann alle „Vögel" besonders laut und klar singen.

Mein Hut, der hat drei Ecken

Alter: ab 3 Jahren

Material: –

Zeitaufwand: 5–6 Minuten

Spielverlauf:

Die Kinder sitzen zusammen im Kreis auf dem Boden.
Während Sie nun den Liedtext „Mein Hut, der hat drei Ecken“, der auf das Jahr 1870 zurückgeht, vorlesen, bilden alle, sobald sie das Wort „Hut“ hören, mit ihren Händen ein spitzen Dach über ihrem Kopf:

Mein Hut, der hat drei Ecken,
drei Ecken hat mein Hut.
Und hätt' er nicht drei Ecken,
so wär's auch nicht mein Hut.

Indem Sie den Text mehrmals wiederholen und diesen jedes Mal zur Freude der Kinder etwas schneller vorlesen, können die Kinder auch immer schneller den Hut so wie bereits beschrieben darstellen.
Klappt das Zusammenspiel, dann können Sie den Text gemeinsam mit den Kindern singen, die dann auch jedes Mal bei dem gesungenen Wort „Hut“ mithilfe ihrer Hände ein spitzes Dach über ihrem Kopf machen. Je schneller die Strophe gesungen wird, desto mehr Schwung kommt in das Singspiel.

Singspiele, bei denen die Kinder bei einem bestimmten Wort die dazu passende Bewegung machen dürfen, sind äußerst unterhaltsam und mit einer spürbaren Freude verbunden. Besonders stolz können Kinder sein, wenn sie als Team zusammenarbeiten und somit gemeinsam im richtigen Moment so wie hier bei dem Begriff „Hut" mit ihren Händen ein spitzen Dach über ihrem Kopf bilden können.

Regen, Regen!

Alter: ab 1 Jahr

Material: 1 Ocean-Drum und 1 Klangschale

Zeitaufwand: 2–3 Minuten

Spielverlauf:
Während alle Kinder zusammen im Kreis sitzen, holen Sie sich eine Ocean-Drum und eine Klangschale. Danach setzen Sie sich in den Morgenkreis und lesen das Gedicht „Regen, Regen!“ von von August Heinrich Hoffmann von Fallersleben (1798–1874) vor. Passend dazu machen alle zusammen Folgendes:

Regen, Regen,
Himmelssegen!
Alle Finger in der Luft zappeln lassen
Bring' uns Kühle, lösch' den Staub
und erquicke Halm und Laub!
Ocean-Drum erklingen lassen

Regen, Regen,
Himmelssegen!
Alle Finger in der Luft zappeln lassen
Labe meine Blümelein,
lass sie blüh'n im Sonnenschein!
Klangschale erklingen lassen

Regen, Regen,
Himmelsegen!
Alle Finger in der Luft zappeln lassen
Nimm dich auch des Bächleins an,
dass es wieder rauschen kann!
Ocean-Drum erklingen lassen

Bei dieser Praxisidee können geübtere ältere Kinder nach jeder Strophe jeweils ein dazu passendes Instrument erklingen lassen. Dabei können sie auch anstelle einer Ocean-Drum zum Beispiel einen Regenstock und statt einer Klangschale einfach eine Triangel verwenden.

Es klappert die Mühle am rauschenden Bach

Alter: ab 2 Jahren

Material: für jedes Kind ein Rhythmusinstrument, wie zum Beispiel 1 Rassel, 1 Paar Klanghölzer und 1 Handtrommel

Zeitaufwand: 2–3 Minuten

Spielverlauf:
Sobald alle Kinder zusammen im Kreis auf dem Boden sitzen, teilen Sie die Rhythmusinstrumente aus.
Während Sie nun die erste Strophe des Liedes „Es klappert die Mühle am rauschenden Bach" singen, das übrigens zu den beliebtesten Volks- und Heimatliedern zählt und dessen Text der deusche Lehrer, Organist, Lyriker und Komponist Ernst Anschütz (1780–1861) verfasst hat, dürfen die Kinder bei jedem „Klipp, klapp!" kurz ihre Instrumente erklingen lassen, während Sie dabei in die Hände klatschen:

Es klappert die Mühle am rauschenden Bach:
Klipp, klapp!
Bei Tag und bei Nacht ist der Müller stets wach:
Klipp, klapp!
Es mahlet uns Korn zu dem kräftigen Brot,
und haben wir solches, so hat's keine Not!
Klipp, klapp, klipp, klapp, klipp, klapp!

Danach singen Sie die Strophe noch einmal. Dabei können Sie auch zur Freude der Kinder anstelle von „Klipp, klapp!" zum Beispiel „Pitsch, patsch!" oder „Flipp, flapp!" singen und dabei jedes Mal klatschen. Die Kinder lassen dann, so wie in der vorherigen Spielrunde beschrieben, ihre Instrumente erklingen.

Für diese Praxisidee braucht es nicht unbedingt für jedes Kind ein Rhythmusinstrument. So können die Kinder bei jedem „Klipp, klapp …“ zum Beispiel in die Hände klatschen, mit den Händen auf die Oberschenkel patschen oder auch mit den Füßen auf den Boden stampfen.

Wind, Wind, Wind

Alter: ab 1 Jahr

Material: –

Zeitaufwand: 2–3 Minuten

Spielverlauf:
Die Kinder sitzen zusammen im Kreis auf dem Boden.
Während Sie nun den Text vorlesen, dürfen die Kinder sofort mitsprechen und mit Ihnen gemeinsam die folgenden Bewegungen machen:

Wind, Wind, Wind
bläst geschwind.
Kräftig pusten

Die Äste wiegen hin und her
Die Äste wiegen hin und her.
Beide Arme hochheben und dabei Silben schwingen bzw. die erhobenen Arme hin und her bewegen

Das gefällt den Kindern sehr.
Das gefällt den Kindern sehr.
Weiterhin Silben schwingen bzw. die erhobenen Arme hin und her bewegen

Wind, Wind, Wind
hört auf geschwind.
Tief ein und dann möglichst doppelt so lange wieder ausatmen

Ein mit Klängen, Tönen oder Geräuschen begleiteter Text eignet sich hervorragend für kleinere und größere Gruppen im Morgenkreis. Indem die Klanggeschichte mehrmals durchgeführt wird, werden auch jüngere Kinder gut mitmachen können.

Wir singen und tanzen im Kreis

Reaktionsvermögen und räumliches Denken: Bewegungslieder, Stopptänze, Krabbel- und Laufspiele mit Klängen

Bewegungslieder, Krabbelspiele & Co. laden bereits jüngere Kinder zum Mitmachen und fröhlichen Miteinander ein. Denn im überschaubaren Morgenkreis können Kinder besonders gut viel Gemeinschaft erleben.

Neben Kindertänzen sind bei älteren Kindern vor allem auch Stopptänze mit oder ohne Ausscheiden überaus beleibt. Sie kommen nicht nur dem Bewegungsdrang der Kinder entgegen, sondern sie lassen sich auch nahezu überall durchführen.

Im fünften Kapitel werden nun Praxisideen vorgestellt, bei denen die Kinder in Bewegung kommen und dabei ihre Reaktionsschnelligkeit, Koordination und Körperbeherrschung trainieren. Indem die Kinder zum Beispiel auf ein Signal hin abrupt stehenbleiben sollen, üben sie spielerisch, das eigene Denken und Handeln zu steuern. Auf diese Weise werden die exekutiven Fähigkeiten gefördert, die mit steigendem Alter kontinuierlich zunehmen.

Nicht zuletzt werden auch klangvolle Praxisideen zur Verbesserung der Aufmerksamkeit und Raumorientierung vorgestellt. Dabei lernen die Kinder im praktischen Tun nicht nur auf Klänge und Geräusche zu achten, sondern auch elementare räumliche Begriffe, wie zum Beispiel oben und unten kennen, die sie übrigens auch gut auf das spätere Lesen, Schreiben und Rechnen vorbereiten.

*„Lasst uns tanzen, lasst uns springen!
Lasst uns laufen für und für!
Denn durch Tanzen lernen wir
eine Kunst von schönen Dingen."*

Paul Fleming (1609–1640), deutscher Arzt, Schriftsteller und Lyriker des Frühbarocks

Klangreifen

Alter: ab 3 Jahren

Material: für jedes Kind 1 Gymnastikreifen, 1 Handtrommel, 1 Triangel

Zeitaufwand: 2–3 Minuten

Vorbereitung:
Die Kinder holen sich jeweils einen Gymnastikreifen, die Sie kreisförmig so anordnen, dass die Kinder problemlos von Reifen zu Reifen springen können. Danach holen Sie sich noch eine Handtrommel und eine Triangel.

Spielverlauf:
Zum Rhythmus des Trommelspiels, das durch Sie in der Kreismitte erfolgt, springen die Kinder der Reihe nach im Uhrzeigersinn von Reifen zu Reifen. Das geht jedoch nur so lange, bis Sie abrupt zu trommeln aufhören. In diesem Moment bleiben die Kinder wie versteinert in jeweils einem Reifen stehen. Kurz darauf lassen Sie die Triangel erklingen. Eines derjenigen Kinder, das so lange ruhig stehen bleibt, bis der Klang verklungen ist, erhält von Ihnen in der nächsten Spielrunde die Triangel.
Im Anschluss daran fängt eine weitere Spielrunde an, bei der nun alle zum Beispiel rückwärts von einem Reifen zum anderen mit geschlossenen Beinen springen. Dabei geben Sie das Bewegungstempo mithilfe der Trommel vor. Ansonsten verläuft alles so wie in der vorherigen Spielrunde beschrieben.
Auf diese Weise kann das Spiel mit den Reifen x-mal wiederholt werden.

Durch die Kombination von Musik und Bewegung lassen sich auch auf engstem Raum motorische Fähigkeiten fördern. Darüber hinaus werden Koordination und Gleichgewicht entwickelt sowie die akustische Aufmerksamkeit geschult.

Froschsprünge

Alter: ab 2 Jahren

Material: 1 Handtrommel

Zeitaufwand: 2–3 Minuten

Spielverlauf:
Die Kinder bilden einen großzügigen Kreis. Danach holen Sie sich eine Handtrommel, mit der Sie sich zwischen zwei Kindern auf die Kreisbahn stellen.
Alle Kinder spielen nun Frösche, für die Sie nun den folgenden Spruch aufsagen:

„Alle Frösche können springen.
Alle Frösche tun so klingen:
Quak Quak Quak, …"

Je nachdem, wie oft sie „Quak!" rufen und dabei trommeln, gehen die Kinder jedes Mal zusammengekauert in die Hocke, um schließlich mit gestreckten Beinen in die Luft zu springen.
Sobald jedoch das Quaken und Trommeln verstummt, bleiben alle stehen.
Danach können Sie auch etwas schneller quaken und trommeln. Die Sprünge der Kinder erfolgen dann genauso rasch hintereinander.
Auf diese Weise geht's immer weiter, bis Sie wieder zu quaken und trommeln aufhören.

Die Froschsprünge, die bei dieser Praxisidee die Kinder im Morgenkreis machen, schulen das Gleichgewicht, die Standsicherheit und die Vertikalbewegung. Indem Sie nach jedem Quaken und Trommelschlag einen Froschsprung machen dürfen, werden auch die akustische Aufmerksamkeit und das Reaktionsvermögen gefördert.

Ich wünsche mir …

Alter: ab 3 Jahren

Material: für jedes Kind 1 Rhythmusinstrument, wie zum Beispiel 1 Nussrassel, 1 Shaker oder 1 Tamburin

Zeitaufwand: 3–5 Minuten

Spielverlauf:
Es gibt einen Platz mehr als die Anzahl an Kindern im Kreis. Die Kinder holen sich jeweils ein Rhythmusinstrument und setzen sich in den Morgenkreis.
Dasjenige Kind, das links neben dem freien Platz sitzt, darf nach dem Prinzip des altbekannten Spiels „Mein rechter, rechter Platz" (alternativ: Mein rechter, rechter Platz ist frei/leer) beginnen und dabei Folgendes sagen:

„*Mein rechter, rechter Platz ist leer, ich wünsche mir* … (Vornamen des Kindes benennen) *mit seinem Instrument her.*"

Anders als bei dem ursprünglichen Spiel darf das Kind nun mithilfe seines Instruments einen einfachen Rhythmus spielen und dabei in Richtung des freien Platzes gehen.
Sobald jedoch das Kind den Platz eingenommen hat, darf dasjenige Kind, das nun links neben dem freien Platz sitzt, auf die gleiche Weise ein anderes Kind namentlich aufrufen.
Auf diese Weise finden noch ein paar Durchgänge statt.

Das altbekannte Spiel „Mein rechter rechter Platz" ist bei Kindern äußerst beliebt. Indem nun auch Instrumente zum Einsatz kommen, erhalten Sie im Handumdrehen eine neue Spielvariante, die für Kinder spannend und interessant zugleich ist und obendrein enorm das Rhythmusgefühl schult.

Trommelrunde

Alter: ab 5 Jahren

Material: 1 Trommel und 2 Trommelschlegel

Zeitaufwand: 2–3 Minuten

Spielverlauf:
Die Kinder mit Ausnahmen von einem stellen sich hintereinander im Kreis auf und halten sich gegenseitig an den Schultern fest. Das übrige Kind begibt sich mit einer Trommel und zwei Trommelschlegeln in die Kreismitte.
Zum Rhythmus des Trommelspiels, das durch das übrige Kind erfolgt, gehen alle im Uhrzeigersinn so lange herum, bis das Kind auf einmal zu trommeln aufhört. Bleibt die Gruppe auf Anhieb stehen? Falls ja, haben alle die Aufgabe gut gemeistert. In diesem Fall tauscht das Kind seinen Platz mit einem anderen. Sollte jedoch bei drei die Aufgabe nicht gelingen, dann darf das erste Kind wieder anfangen zu trommeln.

Bewegungsspiele im Rhythmus der Trommel können Sie auch mit einer größeren Kindergruppe im Morgenkreis durchführen. Auf Ihr Kommando hin können die Kinder dann unter Beweis stellen, wie schnell sie reagieren und zusammen zum Stillstand kommen. Indem die Kinder die Aufgabe als Team schaffen, macht sie das mehr als stolz und selbstbewusst.

Auf die Reifen, fertig, los!

Alter: ab 5 Jahren

Material: Tanzmusik, für jedes Kind jeweils einen Gymnastikreifen

Zeitaufwand: 3–5 Minuten

Spielverlauf:
Die Kinder holen sich jeweils einen Gymnastikreifen und bilden einen großzügigen Kreis.
Zum Rhythmus der Musik kann nun jedes Kind zum Beispiel in seinen Reifen hinein- und herausspringen, auf seinem Reifen entlang balancieren oder sogar den Reifen um die Taille in einer kontinuierlichen Bewegung halten (Hula Hoop). Das geht jedoch nur so lange, bis Sie die Musik stoppen. Daraufhin sollen alle Kinder sich rasch auf den Boden knien und ihre Reifen direkt vor sich senkrecht auf den Boden stellen und so jeden Reifen gut festhalten. Wer schafft das auf Anhieb? Die betreffenden Kinder werden von Ihnen namentlich gelobt, bevor Sie erneut die Musik abspielen und somit zusammen mit den Kindern eine neue Spielrunde starten.
Die Kinder können so das Spiel mit ihren Reifen mehrmals wiederholen.

Schafft es die Gruppe als Team nach jedem Musikstopp die bereits beschriebene Aufgabe zu erfüllen? Dabei können Sie ganz laut bis Zehn zählen. Derartige Spiele erfordern übrigens nicht nur eine gute akustische Aufmerksamkeit, sondern auch Schnelligkeit und eine gute Merkfähigkeit.

Meine Hände

Alter: ab 1 Jahr

Material: –

Zeitaufwand: 2–3 Minuten

Spielverlauf:
Während Sie zusammen mit den Kindern im Kreis sitzen, lesen Sie den unten gedruckten Text vor. Dabei machen alle Kinder zusammen mit Ihnen die dazu passenden Bewegungen:

Meine Hände können klatschen ...
Mehrmals klatschen

... und auf die Oberschenkel patschen.
Patsch, patsch, patsch, ...
Auf die Oberschenkel mehrmals patschen

Das Spiel ist nun aus.
Arme hoch und raus!
Arme hochheben und schließlich hinter dem Rücken verschwinden lassen

Bereits die Allerkleinsten haben Spaß dran, eine kurze Geschichte zu hören und zusammen im richtigen Augenblick zu agieren, indem sie zum Beispiel mit den Händen passend zum Text ihre Arme nach oben strecken. Indem sie dann auch noch zum Beispiel klatschen und mit den Händen auf die Oberschenkel patschen dürfen, lernen sie verschiedene Geräusche kennen und benennen.

Stopplied

Alter: ab 2 Jahren

Material: 1 Handtrommel; evtl. 1 Gitarre

Zeitaufwand: 2–3 Minuten

Spielverlauf:
Zu Beginn holen Sie sich eine Handtrommel oder eine Gitarre. Danach laden Sie alle Kinder zum Singen ein. Für diesen Anlass wählen Sie für alle ein fröhliches Lied aus, wie zum Beispiel das altbekannte deutsche Volks- und Kinderlied „Die Affen rasen durch den Wald!".
Während nun alle das Lied singen, dürfen die Kinder im Takt klatschen. Dabei können Sie das Lied auf der Gitarre oder einfach mit einer Trommel begleiten. Irgendwann jedoch hören Sie abrupt zu singen und musizieren auf. Wie lange wird es wohl dauern, bis alle Kinder reagieren und so ruhig wie Sie dasitzen?
Danach fangen Sie wieder zu singen und auf der Gitarre zu spielen an. Die Kinder singen mit und klatschen dabei im Takt. Das geht jedoch wieder nur so lange, bis Sie erneut zu singen und musizieren aufhören.
Auf diese Weise finden noch ein paar Durchgänge statt.
Im Anschluss daran dürfen alle Kinder zusammen mit Ihnen das Lied von Anfang bis Ende singen. Während Sie das Lied auf der Gitarre begleiten, dürfen wieder alle Kinder im Takt klatschen.

Laden Sie die Kinder so oft wie möglich zum Singen nicht nur, aber auch im Morgenkreis ein. Denn das gemeinsame Singen und Musizieren fördert die Musikalität und stärkt das Immunsystem. Es verbessert die Konzentration, die Merkfähigkeit und nicht zuletzt das Gemeinschaftserleben.

Ich kann tanzen

Alter: ab 4 Jahren

Material: Tanzmusik

Zeitaufwand: 5–6 Minuten

Spielverlauf:
Ein beliebiges Kind, das gerne möchte, darf vom Platz aus, sobald die Musik erklingt, tanzen. Alle übrigen Kinder beobachten das Kind und klatschen im Takt zur Melodie. Irgendwann jedoch stoppt die Musik. Daraufhin soll das Kind in seiner angefangenen Bewegung verharren. Die Kinder können applaudieren, falls dem Kind die Aufgabe besonders gut gelingen sollte.
Danach kommt ein anderes Kind, das sich meldet und von dem vorherigen Kind namentlich aufgerufen wird, an die Reihe. Wurde ein Kind ausgewählt, schalten Sie wieder die Musik ein.
Auf diese Weise können alle Kinder, falls sie möchten, irgendwann vor den anderen Kindern vom Platz aus tanzen und dabei auch die bewunderten Blicke der anderen genießen.

Ein Stopptanz findet in der Regel mit der ganzen Gruppe statt. Besonders stolz sind die Kinder aber auch, wenn sie vor anderen ihr Können zeigen und somit, sobald die Musik nicht mehr zu hören ist, in ihrer angefangen Bewegung verharren können. Sollten jedoch Kinder sich das alleine nicht zutrauen, dann können sie auch mit ein bis zwei anderen aus der Gruppe den Stopptanz durchführen.

Musikstopp für Tanzteams

Alter: ab 5 Jahren

Material: Tanzmusik, 1 Stoppuhr oder Uhr mit Sekundenzeiger

Zeitaufwand: 5–6 Minuten

Spielverlauf:

Die Kinder bilden 4-er-Gruppen, die sich alle zusammen in den Morgenkreis setzen.

Eine Gruppe fängt an und begibt sich zum Tanzen in den Innenkreis. Dazu schalten Sie die Musik ein. Alle übrigen Kinder, die im Stuhlkreis sitzen, klatschen im Takt zur Musik in die Hände. Das geht jedoch nur so lange, bis die Musik stoppt. Daraufhin sollen die Kinder im Innenkreis auf einem Bein stehen. Wie lange wird wohl die Gruppe brauchen, bis die Aufgabe gelingt? Stoppen Sie die Zeit.

Im Anschluss daran darf dann die Gruppe im Innenkreis mit einer anderen im Stuhlkreis den Platz tauschen.

Die neue Gruppe im Innenkreis darf nun tanzen, sobald die Musik wieder erklingt. Erst wenn alle Gruppen im Innenkreis tanzen konnten, ist das Musikstopp-Spiel beendet. Diejenige Gruppe, die am schnellsten als Team die Aufgabe erfüllen konnte, hat das Musikstopp-Spiel gewonnen.

Bei dieser Praxisidee treten die Kinder als Team auf, indem sie zusammen, sobald die Musik stoppt, eine Aufgabe erfüllen. Auf diese Weise lernen die Kinder, sich nicht nur gemeinsam im Takt zur Melodie im Raum zu bewegen und zu orientieren, sondern letztendlich auch im entscheidenden Moment richtig zu reagieren.

Im vertrauten Kreis

Alter: ab 5 Jahren

Material: Tanzmusik

Zeitaufwand: 2–3 Minuten

Spielverlauf:

Alle Kinder bilden einen engen Kreis mit Schulterfassung.

Zum Rhythmus der Musik darf nun eines der Kinder, das gerne möchte, eine Bewegung vormachen, wie zum Beispiel die Füße in Richtung Innenkreis kicken, auf der Stelle hüpfen oder mit den anderen links im Kreis herum tanzen. Das geht jedoch nur so lange, bis irgendein Kind ein anderes loslässt oder die Musik stoppt. Im letzten Fall hat die Gruppe die Aufgabe gut gemeistert.

Unabhängig davon darf dann ein anderes Kind, das gerne möchte und das Sie namentlich benennen, weitere Tanzbewegungen vorgeben, sobald die Musik erneut zu hören ist.

Auf diese Weise finden noch ein paar Tanzrunden mit Schulterfassung statt.

Ein fröhlicher Tanzkreis mit Schulterfassung fördert das Gemeinschafts- und Zugehörigkeitsgefühl. Besonders viel Spaß macht das Ganze, wenn die Kinder dabei auch noch eine Aufgabe erfüllen sollen. Indem sich die Gruppe als Team den Herausforderungen stellt und dabei ihr Denken und Handeln zielorientiert steuern lernt, werden exekutive Funktionen gefördert, die überall im Alltag von zentraler Bedeutung sind.

Rundum entspannt mit Musik

Körperwahrnehmung und Entspannung: Klangmassagen, Windspiele und ruhige Kreistänze

Wohltuende Klänge, ruhige Musik und vieles mehr können dazu beitragen, dass die Kinder viel leichter innerlich zur Ruhe kommen und sich entspannen können. Auf spielerische Weise macht Entspannung mit Klängen und Musik Kindern jedoch besonders viel Spaß. Damit das von Anfang an gut gelingt, sollten auch Sie gelassen und entspannt sein. Ihre eigene innere Ruhe wirkt sich nämlich positiv auf die Entspannung mit Kindern aus.

Das sechste Kapitel hält nun Praxisidee mit sanften Klängen und Musik zum Entspannen und Träumen bereit. Dabei dürfen die Kinder auch zusammen langsam im Kreis herum tanzen. Auf diese Weise werden Kinder Ruhe nicht mit bloßen Stillsitzen, sondern mit schönen wohltuenden Erlebnissen verbinden, die ihnen einfach gut tun.

Ziel ist es also, dass Ihre Kindergruppe Entspannung durch Musik erlebt und dabei innerlich zur Ruhe kommt und neue Kraft schöpft. Auf diese Weise können die Kinder sich dann auch wieder voller Tatendrang neuen Aufgaben widmen. Indem bereits die Kleinen schöne Ruheerlebnisse genießen können, fällt es ihnen auch später viel leichter, kleine Ruhe-Inseln im hektischen Alltag einzubauen.

„Strebe nach Ruhe, aber durch das Gleichgewicht, nicht durch den Stillstand deiner Tätigkeiten."

Friedrich Schiller (1759–1805), deutscher Dichter , Philosoph, Historiker und Arzt

Ein kleiner Igel

Alter: ab 2 Jahren

Material: 1 Handtrommel, 1 Windspiel, für jedes zweite Kind 1 Igelball

Zeitaufwand: 2–3 Minuten

Spielverlauf:
Die Hälfte der Gruppe bildet einen Stuhlkreis und zwar so, dass die Stuhllehnen in Richtung Innenkreis zeigen. Danach setzen die Kinder sich rittlings auf ihre Stühle. Alle übrigen Kinder holen sich jeweils einen Igelball und stellen sich hinter jeweils einem Kind, das im Stuhlkreis sitzt. Danach holen Sie sich eine Handtrommel.
Bevor Sie den Text vorlesen, bewegen Sie ein Windspiel in der Hand, um durch das schöne Klangspiel die Kinder innerlich zur Ruhe kommen zu lassen. Ist der Klang verklungen, geht's los: Während Sie nun den Text vorlesen, führen die Kinder im Außenkreis auf dem Rücken derjenigen Kinder, die vor ihnen sitzen, die folgende Igelball-Massage durch:

Es raschelt im Laub und weht der Wind
Es ist ein kleiner Igel, mein liebes Kind.
Mit den Fingerspitzen kreisförmig auf der Trommel reiben und mit dem Igelball die Schultern massieren

Der Igel läuft hin und her.
Dem Igel gefällt das sehr.
Leise trommeln. Mit dem Igelball den Rücken massieren

Der Igel ist ein ruhiger Mann
Er sucht Futter wo er nur kann.
Leise trommeln. Mit dem Igelball den Rücken massieren

Im Winter ruht er sich aus.
Im Frühjahr kommt er heraus.
Den Igelball kurz auf dem Rücken ruhen lassen. Leise trommeln und den Rücken mit dem Igelball massieren.

Die Sonne tut dem Igel gut
und gibt dir auch Kraft und Mut.

Den Igelball auf dem Rücken ruhen lassen

Wird eine Trommel während einer Igelballmassage eingesetzt, dann sollte das Getrommel nicht zu laut erfolgen. Der Rhythmus der Trommel kann jedoch Kindern dabei helfen, eine Massagegeschichte mit oder ohne Igelball langsam durchzuführen.

Klangvolle Fußmassage

Alter: ab 3 Jahren

Material: 1 großer Noppenball, 1 Klangschale

Zeitaufwand: 3–4 Minuten

Spielverlauf:

Die Kinder ziehen ihre Schuhe und gegebenenfalls auch ihre Strümpfe aus. Miteinander bilden sie dann einen Sitzkreis. Eines der Kinder erhält von Ihnen einen großen Noppenball.

Während Sie nun die Klangschale anschlagen, darf das Kind seine Füße mithilfe des Noppenballs massieren. Sobald jedoch der Klang nicht mehr zu hören ist, rollt das Kind vom Platz aus den Ball in Richtung eines anderen Kindes. Danach lassen Sie die Klangschale erklingen. Das ausgewähle Kind darf nun mithilfe des Noppenballs seine Füße so lange massieren, bis der Klang verklungen ist.

Auf diese Weise geht's immer weiter, bis alle Kinder zumindest einmal ihre Füße mithilfe des Noppenballs massieren und dabei den warmen Klang der Klangschale genießen konnten.

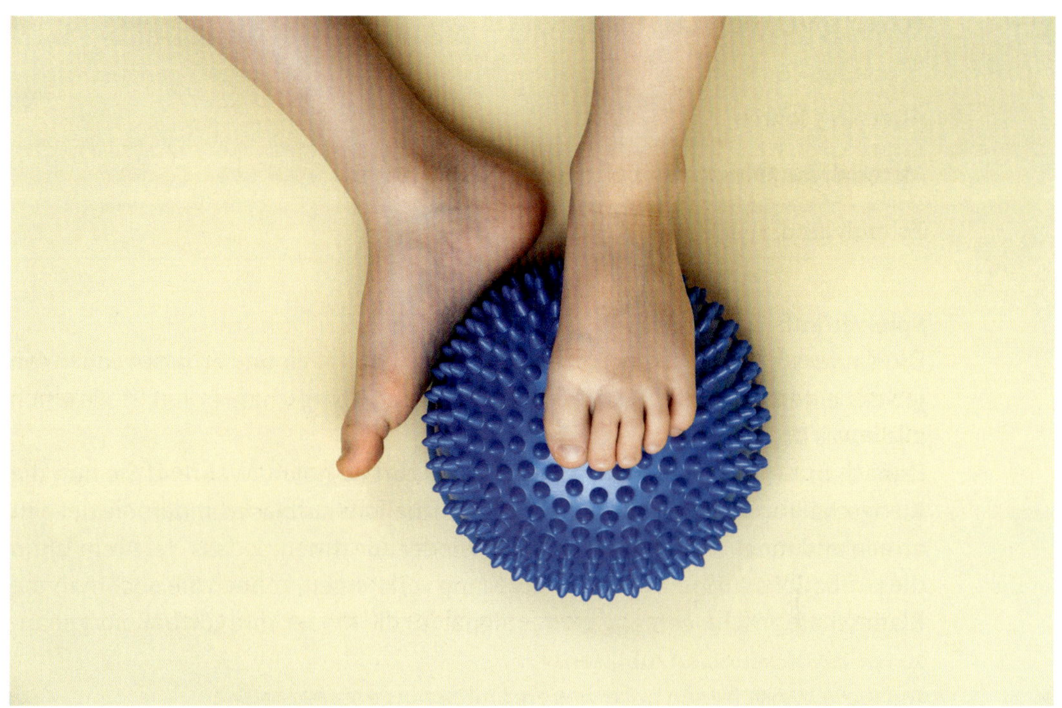

Bei dieser Praxisidee können die Kinder allein schon durch den warmen Klang der Klangschale zur Ruhe kommen. Indem sie dabei mithilfe eines Noppenballs ihre Füße massieren, gelingt das besonders gut.

Klangvoller Luftballon

Alter: ab 5 Jahren

Material: für jedes Kind 1 Luftballon, 1 Klangschale

Zeitaufwand: 1–2 Minuten

Spielverlauf:

Die Kinder stehen zusammen in einem großzügigen Kreis und erhalten von Ihnen jeweils einen Luftballon. Während Sie sich eine Klangschale holen, stellen sich alle etwas breitbeinig hin.

Danach bitten Sie die Kinder möglichst tief Luft zu holen. Während Sie nun die Klangschale anschlagen, dürfen alle ihre Luftballons aufblasen, indem sie tief einatmen und möglichst doppelt so lange wieder ausatmen, sodass viel Atemluft in die Luftballons strömen kann. Ist der Klang verklungen, können Sie nochmals die Klangschale anschlagen. Das ist das Signal für die Kinder, ihre Luftballons genauso wie zuvor weiter aufzublasen.

Auf diese Weise finden noch weitere Durchgänge statt.

Konnten die Kinder ihre Luftballons aufblasen, dann dürfen alle auf Ihr Kommando hin die Mundstücke loslassen, sodass die Luft aus den Ballons entweichen und somit alle Ballons zur Freude der Kinder durch die Luft fliegen können.

Der Klang der Klangschale soll den Kindern helfen, nachdem sie tief Luft geholt haben, möglichst doppelt so lange wieder auszuatmen. Ein simpler Luftballon kann dabei ein ideales Hilfsmittel sein.

Eine Hand auf die andere

Alter: ab 3 Jahren

Material: 1 Klangschale oder 1 Triangel

Zeitaufwand: 2–3 Minuten

Spielverlauf:
Die Kinder stehen zusammen im Kreis und schauen auf die Klangschale, die Sie auf Ihrer Hand platzieren und schließlich anschlagen. Dabei benennen Sie leise ein beliebiges Kind, das seinen Arm in Richtung Kreismitte streckt. Sobald Sie jedoch die Klangschale angeschlagen haben, benennt das Kind ein anderes, das genauso seinen Arm ausstreckt und dabei die Hand auf seine Hand legt. Das Kind wiederum sucht sich, sobald Sie erneut die Klangschale anschlagen, ein weiteres Kind aus, das nun auch seinen Arm ausstreckt und dabei die Hand auf die zwei anderen Hände legt.
Auf diese Weise geht's immer weiter, bis alle mit weit ausgestreckten Armen und aufeinander gelegten Händen zusammen im Kreis stehen.
Im Anschluss daran schlagen Sie mehrmals kurz die Klangschale an. Daraufhin gehen alle Kinder, ohne sich gegenseitig loszulassen, so lange langsam links im Kreis herum, bis der Klang verklungen ist.

Der warme Klang der Klangschale gibt Kindern ein gutes Gefühl, das durch das Handauflegen im Kreis verstärkt wird. Indem die Kinder sich auf diese Weise auch noch langsam zusammen im Uhrzeigersinn bewegen, erleben sie hautnah, wie sie durch Musik und Bewegung innerlich zur Ruhe kommen können.

Der Klang der Klangschale

Alter: ab 1 Jahr

Material: 1 Klangschale, ein paar LED-Kerzen

Zeitaufwand: 2–3 Minuten

Vorbereitung:
Für diese Praxisidee brauchen Sie ein paar LED-Kerzen, die sie anschalten und in den Innenkreis stellen. Danach dunkeln Sie den Raum nach Möglichkeit etwas ab und holen Sie sich eine Klangschale, die Sie auf Ihre flache Hand stellen.

Spielverlauf:
Während Sie nun die Klangschale anschlagen, gehen Sie links im Kreis herum. Sobald jedoch der Klang verklungen ist, bleiben Sie stehen und wenden sich demjenigen Kind zu, das sich gerade neben Ihnen befindet.
Das betreffende Kind erhält kurz den Klöppel, um die Klangschale auf Ihrer flachen Hand anzuschlagen. Daraufhin setzen Sie Ihren Rundgang im Innenkreis entlang der Kinder fort. Sie bleiben erst wieder stehen, sobald der Klang verklungen ist. Danach erhält dasjenige Kind, das sich gerade neben ihnen befindet, den Klöppel, um jetzt auch die Klangschale anzuschlagen.
Auf diese Weise geht's immer weiter, bis alle Kinder nach Möglichkeit ganz entspannt und fröhlich zusammen im Morgenkreis sitzen.

Klangschalen sind tibetische Instrumente, die Kinder besonders schön auf spielerische Weise im Morgenkreis kennenlernen können. Durch den Einsatz von Klangschalen wird hierbei vor allem die Achtsamkeit, Wahrnehmung, Ruhe und Konzentration geschult.

Entspannt aufwachen

Alter: ab 3 Jahren

Material: 1 Schwungtuch und 1 Windspiel

Zeitaufwand: 3–4 Minuten

Spielverlauf:
Alle Kinder bis auf drei bis vier knien sich nah beisammen auf den Boden, über die die anderen ein großes Schwungtuch ausbreiten, das sie am Rand festhalten. Sobald Sie jedoch die Klangschale anschlagen, gehen die Kinder im Außenkreis mit dem locker gespannten Schwungtusch langsam links herum. Das geht jedoch nur so lange, bis der Klang verklungen ist. Die Kinder bleiben dann stehen und heben das Schwungtuch, sobald Sie den folgenden Spruch aufgesagt haben, ruckartig weit nach oben in die Luft:

„Die Morgensonne scheint. Es weht der Wind.
Zeit zum Aufstehen. Ich rufe auf jedes Kind!"

Indem die Kinder das Schwungtuch dann locker gespannt vor ihrem Oberköper am Rand festhalten, bewegen Sie in ihrer Hand ein Windspiel. Während dem Klangspiel rufen Sie die Kinder unter dem Schwungtuch leise der Reihe nach namentlich auf, die auf allen vieren in Richtung eines anderen im Außenkreis krabbeln, um mit dem ausgewählten Kind den Platz zu tauschen.
Im Anschluss daran folgt auf die gleiche Weise eine neue Spielrunde.
Das Entspannungsspiel wird so lange fortgesetzt, bis alle Kinder zumindest einmal unter dem Schwungtuch Platz nehmen konnten.

Schwungtücher können für bewegungsintensive Praxisideen, aber auch ruhige und leise Momente zur Entspannung eingesetzt werden. Der harmonische Klang der Klangschale bewirkt, dass die Kinder innerlich zur Ruhe kommen und somit neue Kraft und Energie tanken.

Fußmassage mit Entspannungsmusik

Alter: ab 1 Jahr

Material: für jedes Kind 1 Massageroller, ruhige Instrumentalmusik

Zeitaufwand: 1–2 Minuten

Vorbereitung:
Die Kinder ziehen ihre Schuhe und gegebenenfalls auch ihre Strümpfe aus und bilden einen großen Kreis. Danach legen Sie jedem Kind einen Massageroller direkt vor die Füße hin.

Spielverlauf:
Stehen alle Kinder auf ihrem Platz, lassen Sie die ruhige Musik erklingen.
Die Kinder dürfen nun ihren linken Fuß auf der Rolle abstellen und durch kleine Vor- und Rückwärtsbewegungen ihren Fuß massieren.
Kinder unter zwei Jahren dürfen sich auf den Boden setzen und ihre Füße von einem Erwachsenen mithilfe des Massagerollers massieren lassen.
Unabhängig davon, bitten Sie alle nach ca. dreißig Sekunden den Fuß zu wechseln, sodass die Massage mit dem Massageroller weitergeführt werden kann.
Auf diese Weise geht's so lange weiter, bis die Musik beendet ist.

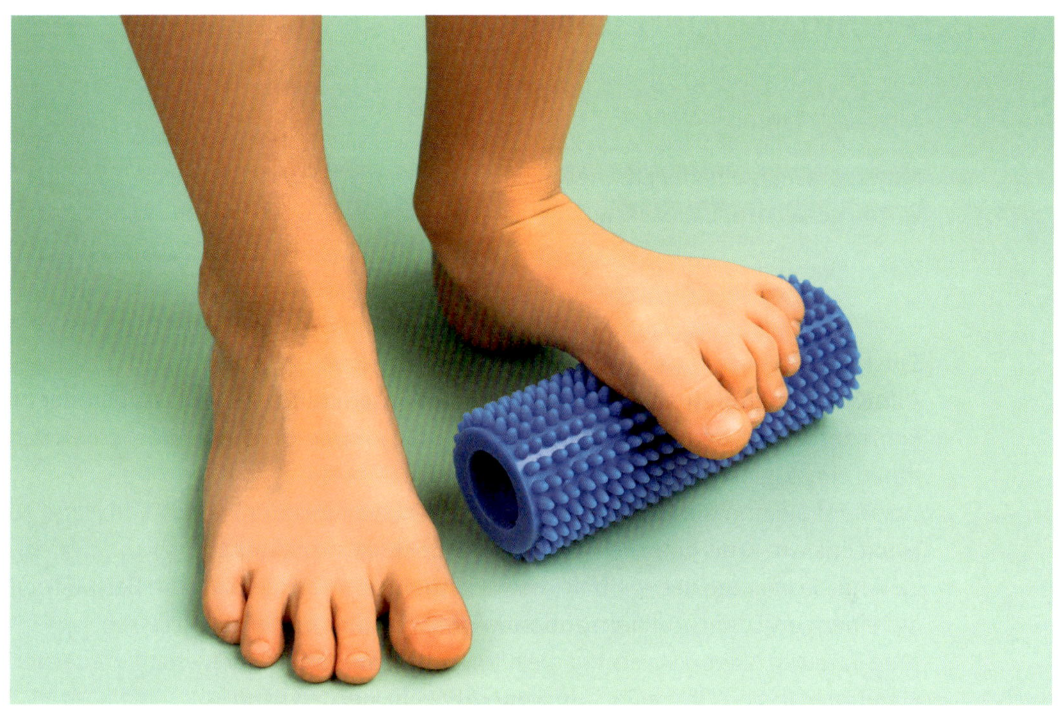

Massageroller sind leicht, beweglich und sehr effektiv. Sie können auf spielerische Weise eingesetzt werden. Dabei helfen sie Verspannungen zu lösen, Entspannung zu genießen und emotionale Stabilität bei Kindern zu erhöhen. Ruhige Musik zum Entspannen und Träumen, die leise im Hintergrund erklingt, ist dabei auch eine Wohltat für Körper, Geist und Seele und trägt dazu bei, dass die Kinder im Einklang mit sich selbst, in ihrer Mitte sind.

Wohin wandert der Igel?

Alter: ab 2 Jahren

Material: 1–3 Igelbälle, 1 Klangschale oder 1 Triangel, 1 Windspiel; evtl. 1 Schuhkarton gefüllt mit Laubblätter

Zeitaufwand: 1–2 Minuten

Spielverlauf:
Alle Kinder bilden einen engen Stuhlkreis.
Eines der Kinder, das gerne möchte und das Sie namentlich benennen, erhält von Ihnen einen Igelball.
Während Sie nun die Klangschale anschlagen, wandert der Igelball von Hand zu Hand links im Kreis herum. Sobald jedoch der Klang verklungen ist, kann dasjenige Kind, das gerade den Igelball in den Händen hält, den Igelball zum Beispiel erst auf einem und dann auf dem anderen Arm hoch und runter rollen lassen.
Kurz darauf schlagen Sie erneut die Klangschale an, sodass der Igelball wieder von Hand zu Hand im Uhrzeigersinn weitergereicht werden kann.
Auf diese Weise geht's immer weiter, bis Sie das Windspiel in die Hand nehmen und sanft bewegen. Ist das Klangspiel vorbei, sagen Sie Folgendes:

„Nach dem Herbst kommt der kalte Winter.
Psst, der Igel hält Winterschlaf, liebe Kinder!"

Im Anschluss daran holen Sie sich den Igelball, den Sie zum Beispiel in einen leeren Schuhkarton, der mit Laub gefüllt ist, legen.

Hinweis:
Machen mehr als sechs Kinder im Kreis mit, verwenden Sie mehrere Igelbälle. Dabei erhalten diejenigen Kinder, die nicht so nah nebeneinander sitzen, von Ihnen jeweils einen Igelball. Danach verläuft alles so wie bereits beschrieben.

Einen Igelball von Hand zu Hand im Uhrzeigersinn weitergeben und dabei den harmonischen Klang der Klangschale genießen – das sind schöne Ruheerlebnisse, bei denen die Kinder übrigens auch die Verbundenheit in der Gruppe spüren. Die handliche Form des Igelballs ist für Kinder geradezu ideal, um sich damit selbst zu massieren.

Klangvoll Platz nehmen

Alter: ab 3 Jahren

Material: 1 Klangschale oder 1 Triangel

Zeitaufwand: 2–3 Minuten

Spielverlauf:
Die Kinder bilden einen Stuhlkreis und stellen sich um die Klangschale herum, sobald Sie diese in der Kreismitte platziert haben.
Eines der Kinder, das gerne möchte und das Sie namentlich benennen, schlägt die Klangschale an, die Sie dabei auch auf Ihrer flache Hand halten und so dem Kind entgegenstrecken können. Während nun die Klangschale schön klingt, geht das Kind ganz leise in Richtung Stuhlkreis, um dort Platz zu nehmen. Kaum ist der Klang verklungen, benennen Sie ein weiteres Kind, das nun die Klangschale anschlagen darf.
Auf diese Weise geht's immer weiter, bis alle zusammen im Stuhlkreis sitzen.
Danach schlagen Sie die Klangschale an. Wer möchte, darf dabei die Augen schließen, um besonders intensiv den harmonischen Klang der Klangschale zu genießen.

Damit die Klangschale lange und schön klingen kann, sollten Sie die Schale beim Anschlagen auf Ihrer flachen Hand oder einfach auf einer weichen Unterlage platzieren. Auf diese Weise brauchen die Kinder nur noch mithilfe eines Schlägel oder Reibers die Klangschale entweder anzuschlagen oder anzureiben.

Sanfter Wellengang

Alter: ab 3 Jahren

Material: 1 Schwungtuch, 1 Ocean-Drum

Zeitaufwand: 2–3 Minuten

Vorbereitung:
Die Kinder holen sich ein großes Schwungtuch, das sie auf dem Boden ausbreiten. Jedes Kind hält dann das Schwungtuch am Rand fest.

Spielverlauf:
Während die Kinder nacheinander langsam im Uhrzeigersinn gehen, sagen Sie Folgendes:

„Der Wellengang ist ruhig heute.
Das freut alle kleine Leute."

Daraufhin bleiben Kinder stehen. Sie wenden sich der Kreismitte zu und machen mit ihrem Schwungtusch leichte Wellenbewegungen. Damit das jedoch besonders gut gelingt, bewegen Sie passend dazu die Ocean-Drum vorsichtig in Ihren Händen hin und her. Irgendwann jedoch ist der Klang nicht mehr zu hören. Während nun die Kinder stehenbleiben, können Sie das Spiel mit den folgenden Worten beenden:

„Das Spiel ist nun aus.
Entspannt geht's nach Haus'."

Das Spielen mit dem Schwungtuch schult die Wahrnehmung, die Motorik, die Augen-Hand-Koordination und das soziale Verhalten. Indem die Kinder leichte Wellenbewegungen machen und dabei den Klang der Ocean-Drum genießen, kommen sie besonders gut innerlich zur Ruhe, sodass sie sich wohl und entspannt fühlen.

Ein klangvoller Abschlusskreis

„Tschüss!" sagen und Vorfreude steigern: Abschlussrituale und -lieder

Den Morgenkreis musikalisch ausklingen zu lassen, bereitet den Kindern viel Freude. Dabei kann zum Beispiel ein einfaches Abschlusslied genauso wie ein Begrüßungslied zu einem festen Ritual werden, das den Kindern zusätzlich Sicherheit und Orientierung verleiht.

Für den Abschluss im Morgenkreis sind Praxisideen mit wenig oder gar keinem Material geradezu ideal. Auf diese Weise lässt sich der Morgenkreis auch ohne viel Zeitaufwand jederzeit musikalisch beenden. Indem die Praxisideen am Schluss stets gleich und wiederkehrend sind, können alle Kinder sofort gut mitmachen, um dann den Morgenkreis mit einem sehr positiven Gefühl im Bauch wieder zu verlassen.

Im siebten und letzten Kapitel werden Abschlussrituale und -lieder vorgestellt, die Kindern helfen, den Morgenkreis nicht abrupt zu beenden. Vielmehr sollen die Kinder noch einmal die Gemeinschaft erleben und ausreichend Zeit erhalten, um sich voneinander verabschieden zu können. Auf spielerische und musikalische Weise können die Kinder so auch ihre Vorfreude auf das nächste Zusammentreffen im Morgenkreis steigern, das dann mit einem für alle Kindern bekannten Begrüßungsritual und -lied genauso schön wieder beginnen kann.

„Ohne Musik wär alles nichts.“

Zitat angeblich von Wolfgang Amadeus Mozart (1756–1791), Musiker und Komponist der Wiener Klassik

E-A-D .. Ade!

Alter: ab 2 Jahren

Material: 1 Konzertgitarre

Zeitaufwand: 1–2 Minuten

Spielverlauf:
Für diese Praxisidee benötigen Sie eine Konzertgitarre, mit der Sie sich zu den Kindern in den Sitzkreis setzen.
Sechs Kinder, die gerne möchten und die Sie namentlich aufrufen, dürfen der Reihe nach passend zu dem folgenden Spruch, den Sie zusammen mit den Kindern aufsagen, die einzelnen Leerseiten der Konzertgitarre ausgehend von der E- Seite, mit den Fingern entweder alleine oder mit Ihrer Hilfe zupfen:

„E - A - D - g - h - e
Tschüss und Ade!“

Im Anschluss daran winken alle Kinder sich gegenseitig zu. Dabei streichen Sie mit dem Daumen oder den Fingernägeln der in die Handfläche gebeugten Finger der Reihe nach über die sechs Saiten der Gitarre.
Am Ende können Sie noch ein bekanntes Abschlusslied, wie zum Beispiel „Alle Leut' gehen jetzt nach Haus"“ gemeinsam mit den Kindern singen und dabei die Melodie mit der Konzertgitarre begleiten.

Mithilfe der Praxisideen können die Kinder eine Konzertgitarre schnell und einfach auf spielerische Weise kennenlernen, die sich übrigens zum Einstieg in das Gitarrespielen hervorragend eignet.

Rütteln, schütteln und „Tschüss!“

Alter: ab 2 Jahren

Material: –

Zeitaufwand: 2–3 Minuten

Spielverlauf:
Die Kinder singen die erste Strophe des altbekannte Volks- und Kinderlieds „Es tanzt ein Bi-Ba-Butzemann“, dessen Text erstmals 1808 veröffentlicht wurde. Parallel dazu machen die Kinder nun die folgenden Bewegungen:

Es tanzt ein Bi-Ba-Butzemann
in unserm Haus herum, fidebum.
Die Hände in die Hüfte stemmen und …

Es tanzt ein Bi-Ba-Butzemann
in unserm Haus herum.
… den Oberkörper im Takt hin und her bewegen

Er rüttelt sich, er schüttelt sich,
er wirft das Säckchen hinter sich.
Sich rütteln und schütteln und dabei das imaginäre Säckchen über die rechte oder linke Schulter werfen

Es tanzt ein Bi-Ba-Butzemann
in unserm Haus herum.
Siehe ganz oben

Im Anschluss daran winken sich alle gegenseitig zu und sagen laut:

„Es tanzte ein Bi-Ba-Butzemann
in unserem Haus herum.
Und unsere Zeit ist jetzt um!“

Ein Bewegungslied kann übrigens auch eine schöne Möglichkeit sein, um fröhlich und gut gelaunt den Morgenkreis zu beenden. Dabei werden die Kinder nicht nur unterhalten. Vielmehr können sie auch auf spielerische Weise mitmachen, indem sie singen und die dazu passenden Bewegungen machen.

Abendsonne

Alter: ab 3 Jahren

Material: 1 Klangschale, 1 Triangel

Zeitaufwand: 5–6 Minuten

Spielverlauf:
Für diese Praxisidee brauchen Sie eine Klangschale und eine Triangel. Die Kinder stellen sich im Kreis auf und strecken ihre Arme weit über dem Kopf aus.
Sobald Sie jedoch die Klangschale anschlagen, gehen die Kinder langsam in die Hocke. Dabei lassen sie ihre Arme sinken. Ist der Klang verklungen, knien alle zusammen im Kreis und legen dabei ihre flachen Hände so wie auf dem Foto abgebildet auf den Boden. Auf diese Weise stellen sie den Sonnenuntergang dar. Während nun die Kinder so zusammen im Kreis sitzen, sagen Sie Folgendes:

„Die Sonne geht unter.
Wer ist noch munter?“

Die Kinder dürfen nun kurz der Reihe nach sagen, ob sie müde sind oder nicht. Im Anschluss dran sagen Sie laut:

„Ob munter oder auch nicht.
Ich freue mich bereits heute schon auf dich, dich, dich …“

Dabei deuten Sie der Reihe nach auf die einzelnen Kinder.
Im Anschluss daran lassen Sie die Triangel erklingen.

Indem jedes Kind von Ihnen angesprochen wird und am Schluss alle auch noch mit einem leisen feinen Klang der Triangel verabschiedet werden, fühlen sich alle Kinder mehr als dazugehörig. Auf diese Weise wird auch die Vorfreude auf den nächsten Morgenkreis gesteigert.

In Windeseile

Alter: ab 3 Jahren

Material: 1 rundes Schwungtuch, 1 Klangschale

Zeitaufwand: 2–3 Minuten

Spielverlauf:
Die Kinder breiten ein Schwungtuch auf dem Boden aus, auf das sie sich kreisförmig, so wie auf dem Foto abgebildet, legen.
Danach lassen Sie über dem Kopf eines beliebigen Kindes die Klangschale erklingen. Das betreffende Kind steht über die Seitenlage auf und stellt sich vor das Schwungtuch. Ist der Klang verklungen, gehen Sie zu einem anderen Kind, um die Klangschale über dessen Kopf erklingen zu lassen. Das Kind steht ebenfalls über die Seitenlage auf und stellt sich vor das Schwungtuch.
Auf diese Weise geht's so lange weiter, bis alle Kinder kreisförmig vor dem Schwungtuch stehen. Die Kinder fassen das Schwungtuch am Rand an und heben es leicht gespannt vor ihrem Oberkörper. Während Sie nun das Schwungtuch langsam auf und ab schwingen, sagen sie laut:

„In Windeseile wollen wir gehen
Macht es gut und auf Wiedersehen!"

Im Anschluss daran legen sie das Schwungtuch wieder auf dem Boden ab, um den Morgenkreis zu beenden.

Bei dieser Praxisidee können die Kinder sich mithilfe des Schwungtuchs und der Klangschale sowohl farbenfroh als auch klangvoll besonders schön voneinander verabschieden. Ein Riesenspaß für die ganze Kindergruppe im Abschlusskreis.

Tschüss Instrumente

Alter: ab 1 Jahr

Material: 1 Triangel, für jedes Kind 1 Rhythmusinstrument, wie zum Beispiel 1 Rassel, 1 Paar Klangstäbe oder 1 Schellenkranz

Zeitaufwand: 2–3 Minuten

Vorbereitung:
Zu Beginn legen Sie in den Innenkreis für jedes Kind ein Rhythmusinstrument, die Sie allesamt kreisförmig anordnen können. Zudem holen Sie sich noch eine Triangel, mit der Sie sich zu den Kindern in den Morgenkreis setzen.

Spielverlauf:
Eines der Kinder, das gerne möchte und das Sie namentlich benennen, darf in Richtung Kreismitte auf allen vieren krabbeln und sich ein Instrument holen. Sobald jedoch das Kind wieder auf seinem Platz im Kreis sitzt, darf ein anderes, das Sie namentlich aufrufen, ebenfalls in Richtung Innenkreis auf alle vieren krabbeln, um sich ein weiteres Instrument zu holen. Erst wenn alle Kinder jeweils ein Instrument in den Händen halten und zusammen im Kreis sitzen, heben Sie die Triangel in die Luft, die Sie nun erklingen lassen. Sobald jedoch der Klang verklungen ist, sagen Sie laut:

„Wir sagen ‚Auf Wiedersehen!‘
Klingt's schön laut werden wir gehen!“

Daraufhin heben alle Kinder ihre Instrumente in die Luft, die sie nun allesamt erklingen lassen, bevor sie gemeinsam den Morgenkreis verlassen.

Mithilfe der Praxisideen können die Kinder am Schluss noch einmal ihre Instrumente zusammen erklingen lassen und sich somit musikalisch voneinander verabschieden. Das kommt vor allem auch denjenigen Kindern, die zum Beispiel eher zurückhaltend sind oder wenig Deutschkenntnisse haben, sehr entgegen.

Tschüss Flöte

Alter: ab 2 Jahren

Material: 1 großer Korb, 1 blickdichtes Tuch, für jedes Kind 1 Instrument, wie zum Beispiel 1 Tamburin, 1 Kindertrompete, 1 Kinderflöte oder 1 Kindergitarre

Zeitaufwand: 2–3 Minuten

Vorbereitung:
In einen großen Korb legen Sie die Instrumente, die Sie mit einem blickdichten Tuch verdecken. Den Korb stellen Sie in die Kreismitte.

Spielverlauf:
Während nun alle Kinder in Richtung Korb blicken, gehen Sie im Innenkreis entlang der Kinder und sagen dabei Folgendes:

„Im Korb ist etwas für dich.
Das Instrument erfreut auch mich!“

Danach bleiben Sie stehen und lassen dasjenige Kind in den Korb greifen, das gerade neben ihnen steht. Das Kind nimmt sich aus dem Korb zum Beispiel ein Tamburin, das es gleich erklingen lässt. Daraufhin sagen alle laut „Tschüss Tamburin!“. Danach gehen Sie einen Platz weiter im Kreis herum, sodass das nächste Kind zum Beispiel eine Rassel aus dem Korb holen kann, die es dann erklingen lässt. Daraufhin sagen alle „Tschüss Rassel!“.
Das Spiel wird so lange fortgesetzt, bis alle jeweils ein Instrument in den Händen halten, die sie zum Schluss noch einmal gemeinsam erklingen lassen.

Indem jedes Kind ein Instrument kurz erklingen lässt und sich so von den anderen verabschiedet, können die Kinder nicht nur den Klang von verschiedenen Instrumenten genießen, sondern auch so zusammen besonders schön den Morgenkreis beenden.

Wer sitzt in der Kiste?

Alter: ab 2 Jahren

Material: ein paar Chiffontücher, 1 große Kiste oder 1 Umzugskarton und 1 Handtrommel

Zeitaufwand: 1–2 Minuten

Vorbereitung:
Für diese Praxisidee benötigen Sie ein paar Chiffontücher und eine große Kiste, in der zwei Kinder genügend Platz zum Verstecken haben. Die Chiffontücher legen Sie dann in die Kiste, die Sie schließlich in die Mitte des Stuhlkreises stellen.

Spielverlauf:
Zu Beginn holen Sie sich eine Handtrommel.
Während nun alle ihre Augen schließen, tippen Sie zwei beliebigen Kindern auf die Schultern, die sich nicht zu erkennen geben. Die beiden Kinder dürfen sich nun in der Kiste verstecken. Alle übrigen Kinder, die zusammen im Stuhlkreis sitzen, sagen und machen Folgendes:

„Der Morgenkreis ist aus.
Kurzer Trommelwirbel
Wer springt jetzt wohl heraus?“

Während Sie nun immer lauter trommeln, patschen die Kinder im Morgenkreis im Takt auf ihre Oberschenkel. Irgendwann jedoch verstummt das Getrommel, sodass die beiden Kinder rasch aus ihrem Versteck kommen. Dabei werfen sie voller Freude die Tücher aus der Kiste hoch in die Luft.

Kleine Ratespiele mit einem heftigen Trommelwirbel, steigern die akustische Aufmerksamkeit und sind für Kinder mit viel Freude verbunden. Indem alle Kinder sich auf irgendeine Weise am Spielgeschehen beteiligen, können Sie zusammen mit den Kindern den Morgenkreis besonders schön ausklingen lassen.

Im Einklang miteinander

Alter: ab 3 Jahren

Material: 1 Rundtau oder 1 Gymnastikreifen, 1 Triangel

Zeitaufwand: 1–2 Minuten

Spielverlauf:
Fünf beliebige Kinder stellen sich kreisförmig im Innenkreis auf und erhalten von Ihnen ein Rundtau, das sie locker gespannt festhalten. Danach holen Sie sich eine Triangel, die Sie kurz anschlagen. Kaum ist der Klang verklungen, sagen alle übrigen Kinder, die noch zusammen im Kreis sitzen, Folgendes:

„... (Vornamen der fünf Kinder der Reihe nach benennen)
sagen wir ‚Auf Wiedersehen!',
bevor wir alle auseinandergehen."

Dabei klatschen sie bei jeder Silbe in die Hände. Danach dürfen fünf weitere Kinder, die Sie namentlich benennen, den Platz mit den anderen im Innenkreis tauschen und zusammen das Rundtau locker gespannt festhalten.
Das geht so immer weiter, bis alle Kinder an der Reihe gewesen sind.
Im Anschluss daran sagen alle zusammen im Morgenkreis laut:

„*Tschüss und auf Wiedersehen*
Wir wollen ganz leise gehen!"

Danach schlagen Sie die Triangel an. Ist der Klang verklungen, verlassen alle möglichst leise den Morgenkreis.

Bei dieser Praxisidee dürfen sich die Kinder in ihrer Kleingruppe verabschieden. Dabei soll der fröhliche und strahlende Klang der Triangel alle Kinder erfreuen, sodass sie gut gelaunt den Morgenkreis beenden können.

Ein Lied zum Abschluss

Alter: ab 4 Jahren

Material: 1 Mikrofon

Zeitaufwand: 2–3 Minuten

Spielverlauf:
Die Kinder im Morgenkreis dürfen kurz darüber nachdenken, ob sie den anderen etwas zum Abschluss vorsingen wollen oder nicht. Passend dazu sagen Sie nun Folgendes:

„Mit Gesang wollen wir auseinandergehen.
Wer kennt ein Lied? Das werden wir nun sehen!"

Eines der Kinder, das gerne möchte und das Sie namentlich benennen, erhält von Ihnen ein Mikrofon, das übrigens nicht eingeschaltet sein muss. Das Kind stellt sich dann mit dem Mikrofon in der Hand in die Kreismitte und fängt an, ein Kinderlied zu singen, das alle, sofern sie es kennen, sofort mitsingen dürfen. Danach verabschieden Sie die Gruppe, indem Sie Folgendes sagen:

„Ein Lied am Schluss tut gut.
Es gibt uns Kraft und Mut!
Tschüss! Bis zum nächsten Mal!"

Ein Abschlusslied im Morgenkreis vorzusingen, erfordert viel Mut und Selbstvertrauen. Sollte sich das jedoch kein Kind zutrauen, dann können auch Sie die Kinder fragen, ob sie das zu zweit oder zu dritt tun würden. Darüber hinaus kann natürlich auch die Gesamtgruppe einen Chor im Innenkreis bilden, der vor einem imaginären Publikum auftreten kann.

Alle Leut geh'n jetzt nach Haus

Alter: ab 1 Jahr

Material: für jedes Kind 1 Rhythmusinstrument, wie zum Beispiel 1 Paar Klangstäbe, 1 Rassel und 1 Schellenkranz

Zeitaufwand: 2–3 Minuten

Spielverlauf:
Alle Kinder sitzen zusammen im Innenkreis und erhalten von Ihnen jeweils ein Rhythmusinstrument. Bevor jedoch alle die erste Zeile des als Volksweise überlieferten Kinderliedes „Alle Leut geh'n jetzt nach Haus" singen und dabei die Melodie mit ihren Instrumenten begleiten, benennen Sie eines der Kinder im Innenkreis namentlich:

„Alle Leut, alle Leut geh'n jetzt nach Haus.
Die/Der … (Vornamne des zuvor von Ihnen benannten Kindes einsetzen)
geht nach Haus!"

Während sich nun das betreffende Kind in den Morgenkreis setzt, winken alle anderen im Innenkreis dem Kind zu. Danach wählen Sie ein anderes Kind aus, das dann auf die gleiche Weise den Innenkreis verlassen und sich in den Morgenkreis setzen darf.
So geht's immer weiter, bis alle zusammen im Morgenkreis sitzen und gemeinsam die folgende Strophe des Liedes singen, die sie mit ihren Instrumenten rhythmisch begleiten:

„Alle Leut, alle Leut geh'n jetzt nach Haus.
Alle Leut, alle Leut geh'n jetzt nach Haus.
Große Leut', kleine Leut',
dicke Leut', dünne Leut'.
Alle Leut', alle Leut' geh'n jetzt nach Haus."

Indem Sie ein Abschlusslied auf spielerische Weise einführen und dabei sogar die einzelnen Kinder namentlich verabschieden, wird im besonderen Maße das Zugehörigkeits- und Gemeinschaftsgefühl im Morgenkreis gefördert.

Anhang

Register

Abbildungsnachweis

Colorfuel Studio 7
Colorfuel Studio 9
Colorfuel Studio 11
Anelo 13
Gypsyaiko 15
lordn 17
lordn 19
bjginny 21
Michael Horacek 23
muro 25
slawavorster 27
Smole 29
Sander-O 31
Colorfuel Studio 33
Andreas Koch 35
Photographee.eu 37
Oksana Kuzmina 39
fizkes 41
Susan Stevenson 43
Monkey Business 45
Nina L/peopleimages.com 47
Aamon 49
Nina L/peopleimages.com 51
OP38Studio 53
Colorfuel Studio 55
photophonie 57
nimito 59
Studio Eli 61
pictworks 63
nimito 65
ViDi Studio 67
deagreez 69
gpointstudio 71
Nina Lawrenson/peopleimages.com 73
Halfpoint 75
Colorfuel Studio 77
Jadon B/peopleimages.com 79
blackguitar1 81
SENTELLO 83
Ramona Heim 85
Diego Cervo 87
tirlik 89
Halfpoint 91
Ana Blazic Pavlovic 93
Nina L/peopleimages.com 95
nimito 97
Colorfuel Studio 99
Pavel Losevsky 101
Oksana Kuzmina 103
lordn 105
olgavolodina 107
2xSamara.com 109
Nina L/peopleimages.com 111
Halfpoint 113
Oksana Kuzmina 115
Africa Studio 117
New Africa 119
Colorfuel Studio 121
dizfoto1973 123
Надежда Урюпина 125
mindfullness 127
New Africa 129
Mario Hoesel 131
oksix 133
Надежда Урюпина 135
vargabandi 137
taramara78 139
oksix 141
Colorfuel Studio 143
Photographee.eu 145
Oksana Kuzmina 147
Halfpoint 149
oksix 151
lordn 153
Oksana Kuzmina 155
nakedking 157

Literatur und Musiktipps

Weitere Bücher von Andrea Erkert …

… und Rusche, Heiner (2018): Alltagsrituale im Kindergarten: Lieder, Reime und Spiele von der Begrüßung bis zum Abschied. Mit Musik CD. München: Don Bosco

… und Rusche, Heiner (2019): Bitte, danke, gern geschehen!: Gutes Benehmen in der Kita. Mit Liedern, Reimen und Spielen. München: Don Bosco

(2007): Das Kreisspiele Buch: Temporeiche und ruhige Spielideen für alle Gelegenheiten. Aachen: Ökotopia

(2010): Das Stuhlpreisspiele Buch: Bewegte und ruhige Spielideen zu jeder Zeit und zwischendurch. Aachen: Ökotopia

… und Hüser, Christian und Ruscher, Heiner (2018): Ein Adventskalender voller Lieder. Aachen: Ökotopia

… und Hüser, Christian (2018): Feste in der Krippe feiern: Lieder und Aktionen für Morgenkreis und zwischendurch. Buch inkl. CD. Aachen: Ökotopia

… und Janetzko, Stephen (2019): Heute haben wir Besuch: Mit Mama und Papa gemeinsam singen, lachen, spielen in der Kita. Mit Musik-CD. München: Don Bosco

(2014): Im Kreis spielen & lernen: 111 Kreisspiele zu den neuen Bildungsanforderungen. München: Don Bosco

(2021): Im Morgenkreis den Teamgeist wecken: Teamspiele für Kindergartenkinder leicht gemacht. Dortmund: verlag modernes lernen

(2011): Im Stuhlkreis die Adventszeit erleben. Aachen: Ökotopia
Dazu die CD (2011) von Ökotopia: Im Stuhlkreis die Adventszeit erleben. Die schönsten Kinderlieder zur Weihnachtszeit. Aachen: Ökotopia

(2009): Kinderleichte Ruheerlebnisse: Mit Ruhespielen, Fantasiereisen, Mandalas und Streichelmassagen entspannen und innere Stille finden.
Dazu die CD von Buntrock, Martin (2009): Kinderleichte Ruheerlebnisse: Entspannungsmusik zum Stillwerden, Träumen, Fantasieren und Einschlafen. Aachen: Ökotopia

… und Rusche Heiner und Hüser Christian (2022): Kleine Klimaschützer in Aktion: Natur- und Umweltschutz in der Kita – Spielideen und Lieder für Kinder. MP3-Download & CD. München: Don Bosco

(2016): Kostümfest & Konfettitanz: Sofort loslegen an Karneval, Fasching & Fastnacht mit Kita-Kindern von 1–6. Mit Blitz-Kostüme und Schnell-Schmink-Tipps. Aachen: Ökotopia.
Dazu die CD (2016) von Drape, Anke: Kostümfest & Konfettitanz. Neue Gute-Laune-Hits für die 5. Jahreszeit. Aachen: Ökotopia

(2014): Kreisspiele für Krippen-Kids: Pausenfüller, Rituale, Stuhlkreis- und Sprachförder-Spiele für alle Gelegenheiten im U3-Alltag. Aachen: Ökotopia

… und Hüser, Christian (2021): Pessach, Ostern, Zuckerfest: Feste aus Judentum, Christentum und Islam in der Kita. Geschichten, Spiele und Lieder. Mülheim an der Ruhr: Verlag an der Ruhr

(2022): Psst, manchmal ist auch leise schön! Ruhemomente im Kindergarten schaffen. Lahr: Kaufmann

(2014): Sanfte Ruheerlebnisse für Krabbelkinder: Hilfereiche Angebote zum Entspannen, Kuscheln, Trösten und Träumen für die Kleinsten. Aachen: Ökotopia.
Dazu die CD von Buntrock, Martin (2014): Sanfte Ruheerlebnisse für Krabbelkinder: Musik zum Entspannen, Stillwerden, Kuscheln und Einschlafen. Aachen: Ökotopia

(2023) Spiel- und Lernideen für Vorschulkinder: Ganzheitlich Grundkompetenzen stärken. Lahr: Kaufmann

(2022): Wir in Bewegung: Kooperative Bewegung- und Geschicklichkeitsspiele im Kindergarten. Lahr: Kaufmann.

... und Janetzko, Stephen (2015): Zauberhafte Mini-Musicals: Leicht umsetzbare Aufführungen für die Feste im Kita-Jahr. Buch inkl. CD. Aachen: Ökotopia

Über die Autorin (Fortbildungen)

Andrea Erkert ist Erzieherin, Entspannungspädagogin und Fachlehrerin einer Grundschulförderklasse in der Nähe von Stuttgart. Sie verfügt über mehrjährige Berufserfahrung als Leiterin einer 5-gruppigen Kita. Darüber hinaus hat sie sich als Autorin spielpädagogischer Bücher einen Namen gemacht. Die Autorin hat insgesamt über 100 Fachzeitschriftenartikel und spielpädagogische Bücher veröffentlicht, von denen die meisten in verschiedene Sprachen übersetzt wurden. Inzwischen gehören ihre Veröffentlichungen zum Standard in den vielen Kinderkrippen und Kitas. Zudem sind ihre Praxisbücher in Horten, in Förder- und Grundschulen überaus beliebt.

Die Autorin bietet seit über 30 Jahren im In- und Ausland praxisnahe Workshops und Elternabende in Kinderkrippen, Kitas, Förder- und Grundschulen sowie Fernkurse für Erzieher*innen und Lehrkräfte zu verschiedenen pädagogischen Themen an.

Sie können Andrea Erkert für Workshops und Elternabende sowie Fernkurse unter anderem zu dem Thema „**Musik im Morgenkreis**" buchen, indem Sie eine E-Mail schreiben oder die Autorin einfach anrufen.

Die Kontaktdaten von Andrea Erkert lauten:

andrea.erkert@icloud.com

Mobil: 0151 18533976

Raum für Notizen

Raum für Notizen

Raum für Notizen

Raum für Notizen

Lernen lernen – mit Spiel und Spaß

Bildungswerk der Bayerischen Wirtschaft e.V. (Hrsg.)
Ingrid Nolting / Eva Hinterhuber

Staunen, entdecken und (er-)forschen – mit Kindern Naturwissenschaften und Technik neu erleben

15 Impulse mit Ideen, Methoden und Werkzeugen für die frühe MINT-Bildung im Kita- und Grundschulalter

Die Karten inspirieren mit Ideen, Methoden und Werkzeugen und verbinden bewusst das entdeckende, forschende und soziale Lernen für die Entwicklung dieser wichtigen Fähig- und Fertigkeiten – die Grundlage, um vom Wissen ins Handeln zu kommen.
Sie sind vielfältig und unkompliziert in Kita, Hort, Grundschule oder anderen Bildungseinrichtungen themenübergreifend einsetzbar und ermöglichen ein Einlassen auf eine zukunftsfähige, frühe MINT-Bildung, die den Kindern und Ihnen Spaß machen wird.

2023, 32 S. (15 Impulskarten und 1 Erklärungskarte für Symbole und Anwendung), farbige Abb., perforiert zum Auseinandertrennen der Karten, Beigabe: Zusatzmaterial als Download, Groß-Format DIN A4, Ringbindung, Alter: 3–10

ISBN 978-3-8080-0934-5 | Bestell-Nr. 1344 | 29,95 Euro

Dorothea Beigel

Kita und Schule – ein starkes Team – Pädagogische Förder-Beobachtung

Beobachten – Erkennen – Planen – Handeln

„Dorothea Beigel ist es gelungen, ein Beobachtungsverfahren zu entwickeln, das mit spielerischen Mitteln den Entwicklungsstand eines Vorschulkindes in der Kita feststellt. Fazit: Ausgezeichnetes Praxishandbuch für den Einsatz in der Kita, um die Zusammenarbeit von ErzieherInnen und LehrerInnen zu unterstützen, besonders für die Bereiche Beobachtung und Planung. Sehr empfehlenswert!" *Marianne Broglie, skg-forum.de*

2., überarbeitete und erweiterte Auflage 2022, Materialpaket: Handbuch: 156 S., farbig, Format DIN A4, Ringbindung + Bilderbuch „Willibald im Willi-Wald", 24 S. farbig, Format DIN A4, Ringbindung; Beigabe: Arbeitsbögen und Video als Download sowie mehrsprachige Ergänzungen in Dänisch, Englisch, Finnisch, Französisch, Italienisch, Kroatisch, Niederländisch, Plattdeutsch, Polnisch, Schweizerdeutsch, Slowakisch, Spanisch, Türkisch, Ukrainisch, Alter: 5-12

ISBN 978-3-942976-30-5 | Bestell-Nr. 9413 | 39,80 Euro

Manuela Rösner / Vanessa Schlüß

Kita und Schule meistern mit PFEF+

Psychomotorische Förderung Exekutiver Funktionen

Auffälligkeiten im Kita- und Schulalltag lassen sich oftmals auf die Entwicklung der Exekutiven Funktionen zurückführen. Auch die Achtsamkeit nimmt in Verbindung mit Exekutiven Funktionen entscheidenden Einfluss auf das Verhalten von Kindern im Kita-/Schulalltag. Zur gezielten und zeitgleich spielerischen Förderung Exekutiver Funktionen werden in diesem Buch zahlreiche Handlungsmethoden und Spielideen beschrieben und dargestellt. Diese praxisnahen Förderbeispiele sollen pädagogische Fachkräfte dabei unterstützen, zuerst einfache und später komplexere Handlungsstrategien und Methoden anzuwenden. Erzieher*innen, Lehrer*innen und andere – nicht nur – pädagogische Fachkräfte bekommen ein Handwerkszeug an die Hand, um Kinder beim Ausbau ihrer Exekutiven Funktionen zu unterstützen. Der Schwerpunkt liegt dabei auf der bewegungsorientierten Förderung, um auch Kinder mit einer geringen Aufmerksamkeitsspanne und/oder erhöhtem Bewegungsdrang abzuholen.
Zudem basieren die Praxisanregungen auf einem psychomotorischen Grundgedanken: Dieser bietet den Kindern die Möglichkeit, sich, je nach ihren individuellen Voraussetzungen, ganzheitlich weiterzuentwickeln und Exekutive Funktionen in einem geschützten Rahmen zu verbessern. Dabei besteht sowohl die Möglichkeit der Förderung im Gruppensetting als auch eine individuelle Unterstützung in Einzelsituationen.

2023, 176 S., farbige Abb., Beigabe: Zusatzmaterial als Download, Format 16x23cm, Klappenbroschur, Alter: 4–11

ISBN 978-3-8080-0930-7 | Bestell-Nr. 1343 | 21,95 Euro

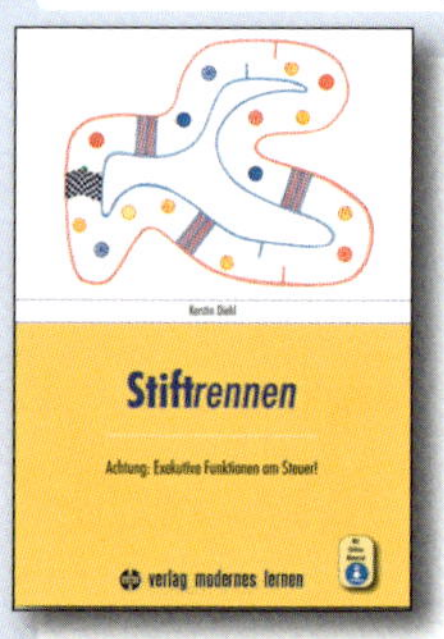

Kerstin Diehl

Stift*rennen*

Achtung: Exekutive Funktionen am Steuer!

Das Buch bietet eine Aufgabensammlung in Form verschiedener Rennstrecken für „Stiftfahrende". Die Strecken haben einen hohen Aufforderungscharakter und motivieren die Kinder auch durch vielfältige Auswahlmöglichkeiten im Detail. Außerdem fordern sie dazu heraus, selbstständig, genau und kognitiv flexibel zu arbeiten: Es sind Hindernisse zu umfahren oder zu überspringen und bestimmte Münzen auf dem Weg einzusammeln oder auch nicht. Einige Fahrregeln regen die Automatisierung an, andere dagegen unterbrechen die erworbene Routine. Durchführungshinweise, Vereinfachungen und Steigerungsmöglichkeiten bieten konkrete Hilfestellung zur praktischen Umsetzung an. Die Aufgaben bieten vielfältige Möglichkeiten für das Training der exekutiven Funktionen. Für Kinder, die Lust an neuen Aufgaben haben und Kinder, die beispielsweise dadurch auffallen, dass sie • zu schnell und unüberlegt handeln und dabei ihr Ziel aus dem Blick verlieren • impulsiv und ungenau arbeiten, sich schlecht zurückhalten können und häufig in Konflikte verwickelt sind • nicht mit ihrer Aufgabe beginnen, keinen Plan haben oder sich nicht auf Veränderungen einstellen können • viele Fehler machen, auch weil sie einfache Regeln oder Vorzeichen nicht beachten, obwohl sie sie kennen • sich zurückziehen und sich nicht an neue Aufgaben herantrauen. Der Untertitel „Exekutive Funktionen am Steuer" spiegelt das Ziel dieses Buches: Die Kinder verbessern ihre kognitive Kontrolle, Inhibition und ihr Arbeitsgedächtnis weiter und erleben sich als selbstwirksam und kompetent.

2023, 160 S., farbige Abb., Beigabe: Vorlagen zusätzlich als Download, Format DIN A4, Ringbindung, Alter: 5–12

ISBN 978-3-8080-0931-4 | Bestell-Nr. 1626 | 29,80 Euro

Ausgezeichnete Bücher für Ihre Praxis ...

Mariele Diekhof

Kita KITOPIA

Eine Reise ins Land der spannenden Pädagogik für PädagogInnen und Eltern

Ein Abenteuer-Fachroman der ganz besonderen Art

Dieses Buch beschreibt in faszinierend ungewohnter Art und Weise, wie gute Pädagogik in Kitas gelingen kann: mit erfolgreicher Bildungsarbeit, fernab vom Überaktionismus und der allgemein verbreiteten Angebotspädagogik. Es ist eine Einladung zu einer abenteuerlichen und spannenden Reise, die in ein aufregendes Land führt, in ein Land voller Phantasie, Zauberei, Bildung und Lebenslust. Alles spielt in der „KITOPIA", in einer virtuellen Kita, in der die Kinder Kind sein dürfen und von herzlichen und professionellen ErzieherInnen begleitet werden. Das Buch schenkt unzählige Einblicke hinter die Kulissen, weckt die Neugier und eröffnet völlig neue Denkansätze. 24 Türen warten darauf geöffnet zu werden: Hinter jeder Tür verbergen sich bunte Bilder, Begegnungen und inspirierende Geschichten, die zum Staunen, Lachen und Nachdenken anregen. Die Leser werden kleinen und großen Menschen begegnen, von ihren Träumen, Wünschen und Visionen erfahren und sie im alltäglichen Tun begleiten. Sie sind mittendrin im pulsierenden Alltag, spüren die Lebenslust und die Leichtigkeit.

(2016 in der Shortlist der Stiftung Buchkunst, als eines der schönsten Bücher Deutschlands.)

„Freiheit, Abenteuer, Lebenslust statt Förderwahn und Leistungsfrust! Es gibt noch viele interessante Ideen in dem Buch, z.B.: Die Tür zum Büro der Leitung, Die Tür zur Kinderkonferenz, Die Tür zur Eltern-Klön-Ecke. Ich bin so begeistert von diesem Konzept, dass ich jedem nur empfehlen kann, das Buch zu lesen und zu spüren, wie viel Leichtigkeit und Spaß die Arbeit in einem Kindergarten beinhalten kann." Britta Fichert, Theraplay – Schwierige Kinder Journal

„Es ist wohltuend, in der aktuellen Menge frühpädagogischer Literatur genau dieses Buch in den Händen zu halten. Es theoretisiert nicht herum, konzentriert sich von Anfang an auf die Praxis, folgt keinen dogmatischen Pädagogiktrends, läuft keiner bildungspolitischen Strömung hinterher und bringt stets das Wesentliche, ohne Umschweife, auf den Punkt." Dr. Armin Krenz, KiTa aktuell

4. Aufl. 2021, 320 S., zweifarbig, Format 16x23cm, Klappenbroschur
ISBN 978-3-8080-0777-8 | Bestell-Nr. 1264 | 26,95 Euro

Isolde Albers / Anja Reincke

Zwei kleine Kreise gehen auf die Reise ...

Mal-Reime: Wie Hand und Mund sich helfen – Mit kognitiven Strategien und Kreativität zum Erfolg

Dies ist ein Buch für alle, die Kinder und Enkelkinder zum Malen verführen wollen. Das Besondere der Mal-Reime ist, dass zeitgleich gesprochen und gemalt wird. So entsteht Schritt für Schritt „mit Hand und Mund" ein schönes Bild, das mit Phantasie und Kreativität weiter ausgeschmückt werden kann. Ein wunderbares Buch, das kleine und große Künstler erfolgreich und stolz machen wird. Spaß und Freude am Prozess und am Ergebnis der Mal-Reime sind garantiert!

„Die Zeichnungen und Texte sind ganz einladend, ansprechend und liebevoll gestaltet. Da bekommt man sofort Lust loszuzeichnen!!! So ein Buch hat uns wirklich gefehlt. Endlich einmal sinnvoll und nicht so langweilige Grafomotorikblätter ..." Britta Winter, Ergotherapeutin

„Meine Enkelin (3) und ich haben einen Riesenspaß mit den 'Strich-Malereien'. Mein Sohn (Logopäde) ist ebenfalls begeistert." Leserstimme

„Ich bin begeistert von diesem Buch! Schon lange habe ich mir so etwas gewünscht. Herzlichen Dank den Autorinnen!" Erzieherin

4. Auflage 2023, 116 S., farbige Abb., Format DIN A4, Ringbindung, Alter: 4-99, **ISBN 978-3-8080-0734-1 | Bestell-Nr. 1606 | 18,80 Euro**

Ursula Hahnenberg / Daniela Diephaus

Das große Förder-Spiele-Buch 1

2-4 Jahre

Eltern, Erzieher und Therapeuten haben ein gemeinsames Ziel: sie wollen Kinder optimal auf die vielfältigen Anforderungen, mit denen sie heute täglich konfrontiert werden, vorbereiten. In diesem Buch werden fachkundig und verständlich Spiele, Basteleien und Beschäftigungsmöglichkeiten aufgezeigt, mit denen Wahrnehmung, Grob- und Feinmotorik, Kognition, Kreativität, Sprache und Persönlichkeit gefördert werden.

Hier werden einfache und kostengünstige Ideen für Kinder ab 2 Jahren vorgestellt, die ergotherapeutisch kommentiert und in der Praxis erprobt sind. Übersichtliche Darstellungen helfen dabei, schnell die richtige Beschäftigung für jede Gelegenheit zu finden. Ein unentbehrlicher Ideenratgeber für ErzieherInnen, TherapeutInnen und die ganze Familie!

„Das Buch ist meiner Meinung nach ideal geeignet für Eltern mit Kindern zwischen 2-4 Jahren. Alle Spiel- und Beschäftigungsideen kann man mit sehr geringem Material- und Zeitaufwand umsetzen.

Für alle Eltern, angehende Erzieherinnen und Krippenpersonal kann das Buch durch die Fülle und die Angebotsbreite eine sehr sinnvolle Ideensammlung sein." Daniela Pfaffenberger, Erzieherin

3. Auflage, 176 S., farbige Abb., 16x23cm, Klappenbroschur, Alter: 2-4
ISBN 978-3-938187-68-5 | Bestell-Nr. 9417 | 16,95 Euro

Die am Liefertag gültigen gebundenen Ladenpreise finden Sie auf unserer Homepage unter www.verlag-modernes-lernen.de

verlag modernes lernen

Schleefstraße 14, D-44287 Dortmund
Telefon 02 31 12 80 08, Fax 02 31 12 56 40
E-Mail: info@verlag-modernes-lernen.de
Leseproben und Bestellen im Internet: www.verlag-modernes-lernen.de

Soziales spielerisch lernen mit Andrea Erkert

Lasst uns an einem Strang ziehen

Teambuilding-Spiele für Kinder im Alter von 5 bis 8 Jahren
2020, 176 S., farbige Abb., Format 16x23cm, Klappenbroschur, Alter: 5–8, Euro 18,80
ISBN 978-3-8080-0872-0

Im Morgenkreis den Teamgeist wecken

Teamspiele für Kindergartenkinder leicht gemacht
2021, 176 S., farbige Abb., Format 16x23cm, Klappenbroschur Alter: 3–6, Euro 18,80
ISBN 978-3-8080-0890-4

Weniger ICH, mehr WIR

Wie Kinder durch tolle „Aha"-Erlebnisse prosoziales Verhalten lernen und alle gewinnen
2022, 176 S., farbige Abb., Format 16x23cm, Klappenbroschur Alter: 3-6, Euro 18,80
ISBN 978-3-8080-0892-8

Kinder brauchen Herzensbildung

Spiele und andere Angebote zur Förderung der emotionalen Intelligenz
2022, 176 S., farbige Abb., Format 16x23cm, Klappenbroschur, Alter: 3–6, Euro 18,80
ISBN 978-3-8080-0893-5

Mobbing fängt klein an

Kinder an das Thema „Mobbing" heranführen und für das eigene Handeln sensibilisieren
2021, 176 S., farbige Abb. Format 16x23cm, Klappenbroschur, Alter: 5–10, Euro 18,80
ISBN 978-3-8080-0894-2

„Ich war das aber nicht!"

Wie Kinder lernen, Verantwortung für ihr Handeln zu übernehmen
2023 (Feb.), 176 S., farbige Abb. Format 16x23cm, Klappenbroschur, Alter: 3–6, Euro 19,95
ISBN 978-3-8080-0895-9

Da wächst was!

Wie Kinder in der Natur Teamfähigkeit entwickeln
2023 (Mai), 176 S., farbige Abb., Format 16x23cm, Klappenbroschur, Alter: 5–8, Euro 19,95
ISBN 978-3-8080-0896-6

Kinder brauchen Lernspaß

Lernkompetenz anders fördern – selbstständiges Lernen lernen
2022, 176 S., farbige Abb., Format 16x23cm, Klappenbroschur, Alter: 5-10, Euro 18,80
ISBN 978-3-8080-0898-0

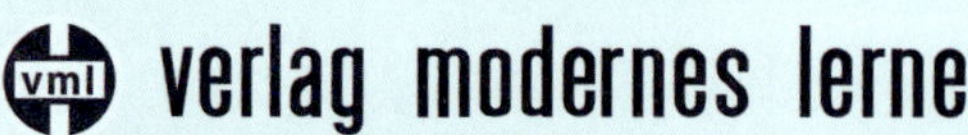

www.verlag-modernes-lernen.de
info@verlag-modernes-lernen.de